Roland Kachler

Damit aus meiner Trauer Liebe wird

Neue Wege in der Trauerarbeit

HERDER

FREIBURG · BASEL · WIEN

MIX
Papier | Fördert gute Waldnutzung
FSC® C014496

Neuausgabe 2021

Hermann-Herder-Straße 4, 79104 Freiburg

www.herder.de

Bei Fragen zur Produktsicherheit wenden Sie sich an
produktsicherheit@herder.de

Satz: Carsten Klein, Torgau
Herstellung: GGP Media GmbH, Pößneck

Printed in Germany

ISBN Print 978-3-451-60600-7
ISBN E-Book 978-3-451-82510-1

Inhalt

Die Liebe aber bleibt . . . 5

Hinweis zu den Impulsen und Imaginationen in diesem Buch . . 11

Kapitel 1
Und meine Liebe will es nicht begreifen . . . 13

Kapitel 2
Meine Liebe sorgt sich um dich . . . 23

Kapitel 3
Im Schmerz brennt meine Liebe zu dir . . . 33

Kapitel 4
In meiner Trauer wohnt die Liebe zu dir . . . 45

Kapitel 5
Auch im Chaos der Gefühle finde ich meine Liebe zu dir . . . 63

Kapitel 6
Und noch nie liebte ich dich so sehr . . . 79

Kapitel 7
Meine Liebe sucht und findet dich . . . 95

Kapitel 8
Meine Liebe bewahrt dich in meiner Erinnerung . . . 107

Kapitel 9
Meine Liebe lässt dich sicher wohnen . . . 123

Kapitel 10
Meine Liebe will Klärung und Versöhnung mit dir . . . 141

Kapitel 11
In meiner Liebe lebst du weiter . . . 163

Kapitel 12
Meine Liebe zu dir will ewig währen . . . 177

Für die, die mit uns
den Weg der Trauer gehen

Die Liebe aber bleibt

Funken sprühend
Grenzenlos

Meine Liebe
zu dir
kann der Tod
nicht zähmen.

Margarete Clasen

Warum trauern wir? Es gibt nur eine Antwort: weil wir lieben. Die Liebe ist der innerste Kern der Trauer. Sie ist ihr Wärmezentrum. Warum trauern wir? Es gibt nur eine Antwort: weil wir einen geliebten Menschen verloren haben und nicht mehr lieben können, jedenfalls nicht mehr leibhaftig. Das macht uns so unendlich traurig.

Trauern wir, weil wir lieben oder weil wir jemanden verloren haben? Es gibt nur eine Antwort, die beides miteinander verbindet: Wir lieben im Verlust, weil wir nicht mehr lieben dürfen und doch weiter lieben wollen.

Aber was wird nun aus unserer Liebe? Wäre es nicht besser, sie aufzugeben? Wäre es nicht klüger, die Übermacht des Todes auch über unsere Liebe anzuerkennen? Wäre es nicht besser – so wie es die übliche Trauerliteratur vorgibt –, die Liebe zu beenden und wie nach verlorener Schlacht abzuziehen? Macht es überhaupt noch Sinn, einen Menschen zu lieben, der meine Liebe nicht mehr erwidern kann?

Unser Verstand und die gängige Trauerpsychologie legen uns das nahe. Ich habe in der Trauer um unseren Sohn Simon wenig Hinweise bekommen, wie ich meine Liebe und wie ich ihn selbst in meiner Liebe bergen und retten kann. Die Trauerpsychologie und die vielen Trauerratgeber haben mir nicht geholfen.

Doch die Liebe in der Trauer sagt etwas anderes: Ich will weiter lieben, auch gegen die Abwesenheit des geliebten Menschen, auch gegen seinen Tod. Und die Liebe sagt noch mehr: Ich werde das auch können!

Und so wurde mir auf meinem eigenen Trauerweg immer klarer, dass es nur ein Ziel, nur ein Ergebnis des Trauerprozesses gibt: die Liebe fortzusetzen und weiter zu leben. Ich bin mir sicher:

Die Liebe – nicht der Abschied – ist das Ziel des Trauerprozesses

Zunächst machen wir die Erfahrung, dass der Tod den Geliebten nimmt. Der Liebe fehlt nun das Gegenüber. Die Liebe selbst verliert ihr Ziel, ihren Empfänger. Wie kann sie zum Ziel in der Trauer werden? Doch die Liebe taucht im Trauerprozess unvermutet immer wieder auf. Sie bringt sich in Erinnerung. Schmerzend, brennend, sehnsuchtsvoll meldet sie sich immer wieder.

Ich möchte Sie anleiten, die Liebe zu Ihrem geliebten Menschen wahrzunehmen, ihr den Raum in Ihrer Seele zu geben und sie zu leben. Deshalb lesen Sie hier kein Trauerbuch, sondern ein Liebesbuch. Deshalb ist dieses Buch eine Anleitung zum Lieben über den Tod hinaus. Es ist ein Übungsbuch für die Liebe, die sich gegen den Tod und gegen die Abwesenheit Ihres Angehörigen durchsetzen will und muss. Die Liebe im Verlust ist ein Lieben gegen den Tod und über den Tod hinaus. Die Liebe ist die Gegenkraft zum Tod. Ich möchte Ihnen dies in Abwandlung des bekannten Wortes von Augustin »Liebe, und tue, was du willst« sagen:

»Liebe, und der Tod mache, was er wolle.« In diesem Lieben möchte ich Sie in diesem Buch stärken – gegen alle Zweifel, gegen alle Widerstände, gegen alle Abstumpfung und Verbitterung. Wenn Sie als Leserin und Leser den direkten Zugang zu der Liebe zu Ihrem Angehörigen suchen und finden wollen, dann werden Sie in den Kapiteln 2, 6 bis 9, 11 und 12 unterstützt.

Dennoch müssen wir die überaus schmerzlichen Gefühle im Trauerprozess aushalten und durchleben. Und immer wieder erleben wir, dass dabei unsere Liebe bedroht ist. Immer wieder erleben Trauernde nur die Leere und nicht mehr die Liebe. Wie können wir die Liebe im Schock des Verlustes, im Brennen des Schmerzes, in der Lähmung der Verzweiflung und in der Schwere der Trauer bewahren? Ich möchte Sie auf diesem Weg durch das Dunkle des Trauerns begleiten. Dabei leitet uns die Liebe selbst:

Die Liebe – nicht der Abschied – führt durch den Trauerprozess

Jedes Gefühl im Trauerprozess trägt das Gefühl der Liebe – und sei sie noch so verborgen – in sich. Deshalb gilt es, die Liebe in den Gefühlen des Trauerprozesses zu entdecken. Diese Trauerarbeit ist Hebammenarbeit für die Liebe. Sie verhilft der Liebe im Verlust zur Geburt. Ich möchte Sie anleiten und in den Imaginationen und Impulsen ermutigen, im Schmerz die Glut der Liebe zu entdecken, in der Ohnmacht des Verlustes die Macht der Liebe wahrzunehmen, in der Tiefe der Trauer den Schatz der Liebe zu bergen.

In meinem Buch »Meine Trauer wird dich finden. Ein neuer Ansatz in der Trauerarbeit« habe ich die Grundlagen einer neuen Psychologie des Trauerns vorgestellt. Dabei steht die Suche nach dem sicheren Ort für den Verstorbenen im Zentrum. Wir brauchen das Wissen, dass der Verstorbene an einem sicheren Ort gut bewahrt ist, damit wir ihn weiter lieben können.

In diesem Buch gehen wir gemeinsam den Weg durch den Trauerprozess und seine Gefühle – immer mit dem Ziel, im Trauerprozess die Liebe zu finden. Das ist ein neuer Ansatz im Verständnis der Trauer, weil er den Sinn der unterschiedlichsten Trauergefühle nicht im Abschied, sondern in der Liebe sieht. Die in diesem Buch vorgestellten Imaginationen sind für die Trauerarbeit ganz neu, weil sie in den dunklen Trauergefühlen den glänzenden Schatz der Liebe aufleuchten lassen.

Als Leserin und Leser können Sie bei den Kapiteln beginnen, die Ihren gegenwärtigen Trauergefühlen entsprechen. Wenn der Verlust Ihres Angehörigen erst wenige Tage zurückliegt und Sie sich noch im Zustand des Nicht-begreifen-Wollens befinden, dann steigen Sie mit dem ersten Kapitel ein. Wenn bei Ihnen der Schmerz, die

Trauer oder Wut oder andere intensive Gefühle vorherrschen, werden Sie in Kapitel 3 bis 5 die für Sie richtige Begleitung finden. Haben Sie Ihren Angehörigen durch einen Suizid verloren, sollten Sie unbedingt nach dem ersten Kapitel zuerst das Kapitel 10 durcharbeiten. Erst wenn Sie wichtige Fragen und ungeklärte Konflikte mit Ihrem Verstorbenen geklärt haben, kann sich die Liebe zu Ihrem Verstorbenen durchsetzen. Dies gilt auch für andere, zu Lebzeiten schwer belastete und gestörte Beziehungen.

Im Trauerprozess erleben wir nicht nur, dass sich unsere Liebe gegen den Tod durchsetzen muss, sondern auch, dass sie eine neue, innere Beziehung zum geliebten Menschen findet. Nach der Bedrohung durch den Verlust entwickelt unsere Liebe allmählich wieder ihre Kreativität. Die Liebe findet auch im Verlust ihre schöpferische Kraft wieder. Sie birgt den Verstorbenen aus dem Tod und bringt ihn in mein inneres Leben zurück. Sie bringt den Verstorbenen in meiner inneren Welt zur Welt. Die Liebe wird zur Geburtshelferin für den Verstorbenen. Trauerarbeit ist in diesem neuen Verständnis Hebammenarbeit der Liebe.

Die Kreativität der Liebe zeigt sich in der Suche nach einem sicheren Ort für den Verstorbenen und sie zeigt sich im Gestalten einer neuen, inneren Beziehung:

Die Liebe findet eine innere Beziehung zum Verstorbenen – nicht den Abschied

Die Liebe glaubt an den in der äußeren Realität abwesenden Geliebten und sie stiftet eine neue Beziehung zu dem im Inneren anwesenden Geliebten. Es ist eine ganz andere als eine »reale« Beziehung, aber sie ist für Hinterbliebene nicht weniger real, nicht weniger intensiv, nicht weniger nahe. Wie jede andere Beziehung muss diese Beziehung gelebt und gepflegt werden. Wie jede andere Beziehung verändert sie sich im Lauf der Zeit. Wie in jeder anderen Beziehung gibt es auch hier Störungen und Konflikte, die wir, wie in Kapitel 10 beschrieben, lösen können.

In diesem neuen Verständnis ist Trauerarbeit in ihrem Zentrum Liebes- und Beziehungsarbeit, die ein vereinfachtes Verständnis von Abschied und Loslassen überwindet. Und sie überwindet den Abschied und das Loslassen in der Liebe, weil sie den geliebten Menschen in der Liebe trägt. Auch hier sind die vorgestellten Methoden für die Trauerarbeit völlig neu, weil sie zum Beispiel mit rituellen Sätzen helfen, mit dem Verstorbenen in eine innere Beziehung zu treten. In den Imaginationen können Sie Ihrem geliebten Menschen auf Ihrer inneren Bühne begegnen und so die Beziehung mit ihm erleben und gestalten.

Wer in der Liebe ist, geht nicht verloren – das ist der neue Grundgedanke für die Trauerarbeit. Wer in der Liebe ist, geht nie verloren – das ist der Glaube aus der Liebe heraus. Ich möchte Sie in diesem Buch begleiten und befähigen, einen Satz zu glauben und Ihrem geliebten Menschen zu sagen:

»Du in der Liebe!«

Roland Kachler
Remseck bei Stuttgart

Hinweis zu den Impulsen und Imaginationen in diesem Buch

In den Impulsen und Imaginationen werden die Grundgedanken des Buches vertieft und weitergeführt. Sie sind also wichtiger und integraler Bestandteil des Buches und wie die anderen Abschnitte Ihrer Lektüre empfohlen. Sie brauchen nicht jede Übung durchzuführen und können auch erst nach dem ersten Lesen entscheiden, welche Übungen Sie durcharbeiten möchten. Auch die einfache Lektüre der Impulse und Imaginationen wird Sie auf Ihrem Trauerweg und in Ihrer Suche nach einer inneren Beziehung zu Ihrem verstorbenen Angehörigen begleiten und unterstützen.

Zugleich sind die Impulse und Imaginationen konkrete Anregungen für die eigene Trauerarbeit. Alle Impulse und Imaginationen in diesem Buch können von Ihnen eigenständig durchgeführt werden. Tun Sie das so, wie es für Sie und Ihre besondere emotionale Situation stimmig ist. Wenn Sie eine Abwehr gegenüber einem einzelnen Impuls oder einer Imagination spüren, dann folgen Sie Ihren Gefühlen und übergehen Sie diese Übung. Nicht jede Übung passt genau in Ihre gegenwärtige Situation. Zwingen Sie sich deshalb nicht zu den Übungen – sie sind als Vorschlag und Einladung gedacht.

In den Impulsen werden rituelle Sätze vorgeschlagen, die Ihnen helfen, Ihre Gefühle in Worte zu fassen und eine innere Beziehung zu Ihrem verstorbenen Angehörigen zu entwickeln. Diese für die Trauerliteratur gänzlich neuen Formulierungen entfalten ihre Wirkung durch eine ritualisierte und rhythmisierte Form. Sie werden so zu einer sehr einfachen und elementaren, aber verlässlichen und sicheren Hilfe in Ihrer Trauer. Es ist zunächst sinnvoll, dass Sie diese Sätze so übernehmen, sie leise und laut sprechen, sie schreiben oder memorieren. Sie werden entdecken, dass die Sätze für Sie in Ihrem Trauerprozess zu inneren, heilsamen Begleitern werden. Sie können die vorgeschlagenen Formeln auch entsprechend Ihren Wünschen verändern und eigenständig weiterentwickeln.

Die Imaginationen greifen Ihre Gefühle und inneren Bilder in der Trauer und in der Liebe zu Ihrem Angehörigen auf. Zugleich beziehen sie sich auf Symbole und Bilder aus den Tiefenschichten unserer Seele und lassen die innere Weisheit der Seele zur Geltung kommen. Auch wenn bei der Durchführung der Imaginationen noch einmal die Trauer und der Schmerz heftig aufsteigen, entfalten die vorgeschlagenen Imaginationen eine heilsame Wirkung.

Wenn Sie wenig Erfahrung mit Imaginationen besitzen oder zurzeit keinen Zugang zu dieser Methode finden, können Sie sich die inneren Bildreisen langsam und laut vorlesen. Lassen Sie die Bilder dann nachklingen, denken Sie immer wieder an die Bilder oder lassen Sie eigene Bilder dazu aufsteigen. So gewinnen Sie die nötige Sicherheit, um sich allmählich intensiv auf die Imaginationen einzulassen und sie wie vorgeschlagen durchzuführen.

Die Übungen dieses Buches ersetzen keine psychologische Begleitung (wie Seelsorge, psychologische Beratung oder Psychotherapie), die bei schweren Verlusten zu empfehlen ist. Beim Tod des Angehörigen durch Suizid ist eine psychotherapeutische Begleitung dringend anzuraten.

Kapitel 1

Und meine Liebe will es nicht begreifen

So erträgt man es: Man ist nicht dabei.
P. F. Thomése

Ich stehe noch unter Schock, mein Sohn, ich fühle mich noch immer abgeschnitten von mir selbst … Ich agiere wie eine Marionette, funktioniere, bin nicht ich selbst. Ich spüre mich nicht mehr, mein Herz weigert sich anzunehmen, was mein Kopf ihm sagt.
Gibt es mich denn überhaupt noch? Ich suche noch nach der ersten Stufe der Treppe in eine Realität, die zu betreten ich unendliche Angst habe … so halte ich mich fest am Gefühl des Irrealen. Du kannst nicht wirklich tot sein. Irgendjemand oder irgendetwas wird mich erlösen und befreien und du wirst zurückkehren und alles ist nur ein Spuk, ein böser fürchterlicher Traum.
Gabriele Gérard

»Du bist nicht tot und kannst nicht tot sein!«

Die Verweigerung der Realität ist zunächst sinnvoll

Mein geliebter Mensch lebt nicht mehr! Er liegt tot da! Seine Augen sind geschlossen. Er reagiert nicht mehr, er atmet nicht mehr. Ich berühre meinen lieben Menschen, seinen toten Leib und begreife es doch nicht. Das Schlimmste, das Allerschlimmste ist passiert. Das kann nicht wahr sein und ist nicht wahr, obwohl ich es jetzt mit meinen Augen sehen muss. Was liegt da näher, als die Augen zu schließen und das Schlimmste nicht sehen zu wollen, weil es dann nicht mehr da ist?

Bei einem schweren Verlust steht am Anfang die Verweigerung der Realität. Wir können nicht glauben, dass unser geliebter Mensch tot ist. Was wir erleben, ist nicht wirklich real, sondern bleibt eigentümlich fern, unwirklich und unbegreiflich.

Aber auch später wird es immer wieder Momente geben, in denen wir nicht glauben können und glauben wollen, dass der geliebte Mensch abwesend ist. Immer wieder bleibt diese nicht zu leugnende Realität irreal. Unsere Liebe kann und darf nicht zustimmen, dass das Schlimmste wahr sein soll.

Ich muss deinen Tod jetzt noch nicht begreifen

Erlauben Sie sich ganz zu Beginn Ihrer Trauer, aber auch später immer wieder, dass Sie nicht begreifen wollen, was zu schwer ist zu begreifen. Sie können sich die folgenden Sätze immer wieder sagen.

»Ich kann nicht begreifen, was ich nicht begreifen will.«

»Es geht über meine Kräfte, zu verstehen, dass du nicht mehr leben sollst.«

»Es bleibt unwirklich, dass du nicht mehr da sein sollst.«

Die Sorge, insbesondere von Angehörigen und Freunden, dass mit diesem Verständnis für das Nicht-begreifen-Wollen der Trauernde in einer Fantasiewelt bleibt, ist unbegründet. Auch das Nicht-begreifen-Können ist eine Realität, und zwar die besondere und außergewöhnliche Realität des Trauernden. Wir sollten uns als Trauernde darin liebevoll akzeptieren. Erst dann können wir ganz langsam und sehr behutsam einen Weg finden, den Tod unseres Angehörigen als äußere Realität wahrzunehmen.

»Ich fühle überhaupt nichts – auch dich nicht«

Das Nichtfühlen als Überlebensreaktion

Im Schock schaltet unser Organismus fast alle Regungen ab und stellt unser Funktionieren auf niedrigstes Energieniveau ein. Es geht jetzt nur darum, das Entsetzliche zu überleben. In diesem Zustand fühlen wir kaum noch etwas, nicht einmal das Entsetzen, den Schmerz oder die Ohnmacht. Wir können nicht mehr richtig denken und fühlen. Nach außen wirken wir aber – für andere oft überraschend – gefasst und ruhig. Doch ist dies nur ein Zeichen dafür, dass der Organismus unsere Seele und damit alles Fühlen und Spüren abgeschaltet hat.

Nichts ist mehr da, mein geliebter Mensch und ich selbst nicht. Alles ist einfach nur weg, meine Gefühle sind weg, mein Körper ist weg, meine Hoffnung ist weg. Auch die Liebe zu meinem geliebten Menschen ist einfach weg, eingefroren und unzugänglich. Wie soll meine Liebe jemals wieder erwachen? Wie soll ich überhaupt jemals wieder etwas fühlen können?

Auch später wird uns die Fühllosigkeit immer dann einholen, wenn das Entsetzen und die Verzweiflung über die Abwesenheit unseres geliebten Menschen wieder übermächtig wird. Manche

Menschen, insbesondere Männer, nutzen die Fühllosigkeit auch als eine – verständliche! – Abwehr gegenüber dem Schmerz.

Wir sollten uns in unserer Fühllosigkeit immer wieder bewusst machen, dass wir im Augenblick nichts fühlen können, oft auch nichts fühlen wollen. Wenn wir uns diesen Zustand erlauben und zugestehen, kann er sich allmählich, entsprechend unseren seelischen Kräften, so verändern, dass wir nicht nur die Trauer, sondern auch das Leben in uns wieder zulassen können.

Ich erlaube mir mein Nichtfühlen

In Situationen, in denen wir nichts spüren, tut es gut, sich dies zu erlauben, sich zurückzuziehen oder im Schlaf wieder zu sich zu kommen.

Dabei hilft es, wenn wir uns selbst mit folgenden Worten direkt ansprechen:

»Keine Worte, keine Gedanken und keine Gefühle können begreifen, was mit deinem Tod passiert ist. Das geht über alle meine Fähigkeiten des Fühlens hinaus. Und deshalb kann ich jetzt gar nichts fühlen. Das ist in Ordnung so. Ich weiß, meine Seele und mein Körper brauchen das Nichtfühlen. Das schützt mich. Wenn meine Seele bereit ist, mehr zu wissen und zu spüren, wird sich mein jetziger Zustand verändern. Jetzt aber spüre ich, dass ich nicht fühle.«

Um unsere eigene emotionale Situation im Nicht-begreifen-Wollen ein wenig besser zu verstehen, können wir für diesen Zustand Beschreibungen oder Bilder finden. So wird das Nicht-begreifen-Können ein klein wenig begreiflich. Oft wird auch in der Beschreibung schon deutlich, wozu dieser seelische Zustand jetzt nötig ist und wie er mir in meiner schrecklichen Situation hilft.

Ein Bild für den Schock finden
Wenn andere Sie oder Sie sich selbst befragen, wie es Ihnen jetzt geht, fallen Ihnen sehr häufig schon erste bildhafte Sätze ein, wie zum Beispiel »Ich stehe neben mir« oder »Ich kenne mich nicht mehr« oder »Ich bin mir ganz fremd«. Vielleicht haben Sie noch ganz andere beschreibende Sätze für Ihren Schockzustand.

Vielleicht fällt Ihnen auch ein Bild für Ihre Situation ein. Fühlen Sie sich wie ein Eisblock oder wie zu Stein erstarrt? Befinden Sie sich wie unter einer Glasglocke oder wie in einem Vakuum? Vielleicht tauchen andere Bilder auf, die beschreiben, wie sich Ihre Seele jetzt schützen muss.

Bei schweren Verlusten dauert der Zustand des Nichtfühlens und Nichtwahrhabens viel länger, als in den üblichen Trauerratgebern angegeben wird. Dort wird dieser Zustand als rasch vorübergehende Phase beschrieben, die dann vollständig überwunden sein soll. Insbesondere Eltern, die ihre Kinder verlieren, berichten, dass sie im ersten Trauerjahr nicht wirklich begreifen und fühlen konnten, dass ihr Kind tot sein soll. Für viele verwaiste Eltern setzt deshalb das eigentliche Trauerjahr, in dem bewusst getrauert werden kann, erst im zweiten Jahr ein.

Trauernde brauchen auch später, wenn sie allmählich die Abwesenheit des Verstorbenen realisieren, immer wieder das Nichtwahrhaben-Wollen als Schutz. Wir können das Wissen um den Tod des Angehörigen nicht ständig in voller Wucht ertragen. Unsere Seele braucht immer wieder »Auszeiten« von dieser Realität, und wir dürfen uns solche Auszeiten erlauben!

»Irgendetwas muss man doch sagen können!«

Dem Nichtbegreifen Worte verleihen

Das Entsetzen ist nach dem Tod des geliebten Menschen übermächtig und verschlägt uns die Sprache. Es fehlen uns die Worte für das Unbegreifliche. Wir spüren auch, dass alle wohlmeinenden Worte das Ungeheure nicht ausdrücken können.

Und dennoch wollen wir auch reden, schließlich geht es um den Menschen, den wir so sehr lieben.

Und schließlich müssen wir auch wieder Worte finden, weil wir mit ihnen unsere Liebe zum Verstorbenen aussprechen können. Wenn wir unsere Sprache wiederfinden, dann kehrt auch die Sprache der Liebe wieder in unsere gelähmte Seele zurück.

Dies beginnt damit, dass wir mit anderen darüber reden, was geschehen ist und wie unser geliebter Mensch starb. Dabei geht es zunächst nur um die äußeren Fakten. Es fällt uns am leichtesten, dies zu erzählen. Dann fragen aber unsere Mitmenschen weiter nach den näheren Umständen. Auch das ist gut so, denn dann befinden sich beide, die Fragenden und der Trauernde, auf »sicherem« Terrain. Das hilft den Hinterbliebenen, die Ereignisse auch im Schock für sich in Worte zu fassen, das Chaos im Kopf wenigstens ansatzweise zu ordnen und die Betäubung allmählich zu lösen.

Doch nicht nur die Trauernden, sondern auch die Ereignisse selbst verlangen drängend nach einer Beschreibung, insbesondere bei einem plötzlichen, völlig unerwarteten Tod wie bei einem Unfall oder tödlichen Herzinfarkt. Bei einem erwarteten Tod nach langer Krankheit oder Altersschwäche ist es hilfreich, von den letzten Tagen, Stunden, den letzten Reaktionen und den letzten Worten des Verstorbenen zu berichten.

Im ersten Erzählen deines Sterbens finde ich meine Worte wieder
Erlauben Sie sich, all das, was in Ihnen an Bildern und Fragen zum Sterben und Tod Ihres Angehörigen aufbricht, immer wieder in Gedanken durchzugehen.

Erzählen Sie alles Ihren Angehörigen, Freunden und Bekannten. Zögern Sie nicht, es immer wieder mit neuen Details zu erzählen. Wenn Sie unsicher sind, ob das für die anderen passt, fragen Sie: »Ist es in Ordnung, wenn ich es dir erzähle?«

Wenn andere fragen oder Genaueres wissen wollen, dann nehmen Sie es als Ihre besondere Chance, die Sprache wiederzufinden.

Wenn Trauernde alles über die äußeren Fakten und Umstände, die Ursachen und Hintergründe des Todes ihres Angehörigen wissen wollen, dann kommt ihnen der im Tod so fern erscheinende Verstorbene innerlich nahe. Auch später noch, oft nach Jahren, ist es immer wieder wichtig, von den Umständen, Hintergründen und Ursachen des Todes des geliebten Menschen zu erzählen, um ihn und seine letzten Stunden in der Erinnerung zu bewahren und ihm darin liebevoll nahe zu sein.

In diesem Erzählen und im ersten Begreifen lässt die Betäubung des Schocks allmählich nach. Allerdings kommt dann mehr und mehr die Realität des Verlustes und damit der Schmerz ins Bewusstsein und ins Fühlen. Aber das ist in Ordnung, sind doch Schmerz und Trauer die angemessene Reaktion auf den Tod eines geliebten Menschen. Die Trauer und der Schmerz sind dabei nicht nur Ausdruck des unendlichen Verlustes, sondern auch Ausdruck der Liebe zum Verstorbenen.

Und so kommt mit der Trauer – in der bisherigen Trauerliteratur gänzlich übersehen und ignoriert – die Liebe zum Vorschein, sehr zerbrechlich, tief verunsichert und selbst in tiefer Trauer.

»Ich will nicht wahrhaben, dass ich dich nicht mehr lieben darf«

Im Nicht-begreifen-Wollen steckt die Kraft der Liebe

Im Nicht-wahrhaben-Wollen wehrt sich unsere Seele mit ihrer Liebe dagegen, dass sich die Realität des Todes bewahrheitet. Die Liebe will mit allen Mitteln – und sei es dem der Realitätsverweigerung – weiter lieben, und zwar den realen, lebendigen Menschen. Die Liebe will zunächst nicht wahrhaben, dass dies auf die bisherige Weise nicht mehr möglich sein soll.

Und so steckt in der Weigerung, die Realität des Todes zu akzeptieren, die Kraft der Liebe, die weiter lieben will. In den ersten Tagen und Wochen kann die Liebe noch nicht erkennen, ob das überhaupt jemals wieder möglich werden kann, geschweige denn, wie das trotz der realen Abwesenheit des Angehörigen möglich sein könnte.

Aus Liebe will ich nicht begreifen

Um die Kraft Ihres Widerstandes und damit schon die Kraft Ihrer Liebe zu spüren, genügt es, einen Satz zu formulieren:

»Ich will deinen Tod nicht begreifen – aus Liebe!«

»Unter dem Eis brennt meine Liebe zu dir«

Unter dem Nichtbegreifen ist die Liebe zu spüren

So sehr uns der Schock, das Nichtbegreifen, zu Recht schützt und dabei alle Gefühle abschaltet, gelingt es der Liebe doch, sich bemerkbar zu machen.

Die Liebe will sich nicht ganz abschalten lassen. Sie zeigt sich in ganz spontanen Gesten. Viele Trauernde umarmen den Toten, streicheln ihm über die Wangen und die Stirn und küssen ihn. Viele Menschen legen ihrem Verstorbenen noch ein symbolisches Geschenk oder einen liebevoll formulierten Brief in den Sarg. Weitere Beispiele, wie Sie Ihre Liebe zu Ihrem Verstorbenen ausdrücken können, finden sich in meinem Buch »Meine Trauer wird dich finden«.

Es ist wichtig, dass Trauernde von Anfang an ihren Impulsen der Liebe trauen und ihnen folgen. Wenn zu Beginn oder auch später die Lähmung doch so groß ist, dass Trauernde ihre Liebesgefühle kaum oder gar nicht spüren, können sie sich darauf verlassen, dass die Liebe unter dem Eis oder im Innersten des Eisblocks da ist. Die Liebe wird sich an die Oberfläche und ins Fühlen hinein »durcharbeiten«.

IMAGINATION

Ich traue der Kraft meiner Liebe auch unter dem Eis

Nehmen Sie sich ein wenig Zeit. Setzen Sie sich bequem hin, um die folgende Imagination oder Fantasiereise zu erleben. Wenn Sie Schwierigkeiten haben, sich die vorgeschlagenen Bilder und Prozesse vorzustellen, dann ist das völlig in Ordnung. Zwingen Sie sich zu nichts!

Es gibt dann eine andere gute Möglichkeit, mit den vorgeschlagenen Imaginationen umzugehen, nämlich indem Sie den folgenden Text als eine Erzählung leise oder laut lesen. Die Erzählung und die Bilder wirken auch über das Lesen hinaus hilfreich. Es genügt vollkommen, wenn Sie über das Folgende einfach nur nachdenken und die Gedanken in Ihnen nachklingen lassen.

Nehmen Sie Ihren jetzigen psychischen Zustand wahr. Nehmen Sie die Lähmung, die Erstarrung, das Verspanntsein, Ihre innere Kälte oder Leere einfach nur wahr. Wenn Sie das ein bis zwei Minuten zulassen, spüren Sie vielleicht kleine Veränderungen oder Verschiebungen Ihrer Empfindungen.

Stellen Sie sich im nächsten Schritt vor, dass in Ihrem innersten Kern, zum Beispiel tief in Ihrem Brust- oder Bauchraum, ein winziges Licht, ein winziges Stück Glut, ein winziges Stück Liebe da ist. Es darf unendlich klein sein, sodass es kaum vorstellbar ist. Und wenn es Ihnen nicht gelingt, sich dieses kleinste Stück Liebesenergie vorzustellen, dann nehmen Sie es nur als Gedanken, als eine Erzählung oder als theoretische Idee.

Versuchen Sie nun, das kleine Korn Energie ein wenig größer und wärmer werden zu lassen. Vielleicht beginnt es sich auszudehnen wie erwärmte Materie, vielleicht beginnt es aufzuglimmen wie ein Stück Glut oder aufzuleuchten wie ein winziger Funke. Spüren Sie nach, was mit Ihnen von innen her geschieht. Vielleicht werden Sie von innen her ein wenig erwärmt oder Ihr Inneres wird wie von einem winzigen Funken erhellt.

Wenn Sie nichts von dem spüren, ist das auch in Ordnung, und es genügt der Gedanke, dass in Ihnen die Liebe da ist, und sei es als winzigste Glut oder als kleinster Lichtfunke. Sie können sich darauf verlassen, dass die Liebe zu Ihrem geliebten Menschen tief in Ihnen da ist und bereit ist, wieder größer zu werden, allmählich, Stück für Stück, so wie Sie ein fast erloschenes Glutstück behutsam mit Ihrem Atemhauch wieder zum Glimmen, dann zum Glühen und schließlich zum Brennen bringen können.

Mit diesem Wissen können Sie nun langsam die Augen öffnen, sich in Ihrem Zimmer orientieren und zurückkehren in Ihre Wirklichkeit, in der Ihr geliebter Mensch nicht mehr da ist. Sie nehmen aus dieser Imagination die Hoffnung und vielleicht die erste Erfahrung mit, dass die Liebe zu Ihrem verstorbenen Menschen nicht verloren gegangen ist.

Kapitel 2

Meine Liebe sorgt sich um dich

> Wo bist du? Bist du im Himmel?
> Bist du beim lieben Gott und seinen Engeln?
> Mäuslein … Mäuslein, geht es dir gut!?
> *Petra Franziska Killinger*

»Ich leide mit deinem Schicksal«

Im Mitgefühl spüre ich meine Liebe zu dir

Bei allem Schock, bei allem Schmerz und aller Trauer gibt es eine ganz andere Erfahrung im Trauerprozess, die in der Trauerliteratur gänzlich übersehen oder auch abgewertet wurde. Es ist die Liebe zum Verstorbenen, die jetzt getroffen und betroffen ist.

Weil die Liebe aber durch den Tod zutiefst bedroht, verwirrt und verzweifelt ist, braucht auch sie Zeit, um mit ihrer ganzen Kraft in der Trauer da zu sein. Im Einfühlen und Mitfühlen mit dem Verstorbenen beginnt die Liebe, sich selbst wiederzufinden.

Wenn der Angehörige lange krank oder pflegebedürftig war, haben wir immer wieder mit ihm gelitten. Wenn das eigene Kind immer neue Chemotherapien mitmachen muss, dann fühlen wir mit ihm, mit seinen Schmerzen und seinen Ängsten. Wir würden ihm das gerne ersparen und abnehmen. Wir werden selbst in unserer Seele krank, wenn wir miterleben müssen, dass der geliebte Mensch dann doch der Krankheit unterliegt und sterben muss.

Wenn der Angehörige ganz plötzlich wegen eines Herzstillstandes oder bei einem Unfall sterben musste, schmerzt es uns, dass der Tod gerade ihn treffen musste. Wie sehr wünschten wir für ihn, dass er leben dürfte. Unser Mitgefühl geht oft so weit, dass wir gern an der Stelle des Angehörigen gestorben wären. Es ist die Liebe, die sich in diesem Wunsch zeigt.

Und ich fühle mit dir

Lassen Sie das Bild von Ihrem Angehörigen vor Ihrem inneren Auge entstehen, um ihm die folgenden Sätze zu sagen. Sie können auch an den Sarg oder immer wieder an das Grab treten und laut oder leise sprechen:

»Ich denke an dich und bin mit meinen Gefühlen bei dir. Manchmal bin ich so nahe bei dir, dass ich an deine Stelle treten möchte. So kann ich mitfühlen, wie es dir wohl gehen mag. Mein Mitgefühl ist wie eine Brücke zu dir.«

»Was musstest du in deiner letzten Zeit mitmachen?«

Das Mitgefühl für den Verstorbenen in seiner letzten Lebenszeit

Nach dem Unfalltod ihres siebzehnjährigen Sohnes sucht die Mutter alle Menschen auf, die etwas von den letzten Stunden ihres Sohnes wissen. Sie befragt die Unfallzeugen, sie geht zu den Polizisten, zum Unfallarzt und den Sanitätern, zu den behandelnden Ärzten, zu den Krankenschwestern und den Pflegern in der Unfall- und Intensivstation. Von allen will sie wissen, was ihr Sohn in den letzten Minuten seines Lebens erlebt hat. Sie erlebt vor ihrem inneren Auge dies alles mit, fühlt mit ihrem Sohn und ist ihm so in seinen letzten Stunden sehr nahe.

Mit dem Tod brechen die Fragen nach der letzten Lebenszeit des Verstorbenen auf. Diese Fragen stellen sich besonders dann, wenn der Tod ganz unerwartet eintritt und der Trauernde seinen Angehörigen nicht begleiten konnte.

Vielen Trauernden ist es sehr wichtig, dass die letzten Tage oder der letzte Tag für den Verstorbenen schön war oder dass er mit möglichst wenig Schmerzen sterben durfte. Trauernde spüren dabei ein intensives Mitgefühl, das die Basis werden kann, nun auch für den Verstorbenen mitzufühlen und ihm über seinen Tod hinaus nahe zu sein.

Ich bin bei dir in den letzten Stunden deines Lebens

Wenn Sie in den letzten Stunden Ihres Angehörigen dabei waren und ihn bei seinem Sterben begleiten konnten, dann kann es hilfreich sein, dieses noch einmal mit einer besonderen Aufmerksamkeit für Ihr Mitgefühl zu durchleben. Und spüren Sie dann die Nähe zu Ihrem geliebten Menschen, die Ihnen jetzt beim zweiten Durchleben noch einmal bewusst wird.

Konnten Sie Ihren Angehörigen in seinen letzten Stunden nicht begleiten, wäre es wichtig, dass Sie alle möglichen Informationen über diese Zeit Ihres geliebten Menschen einholen. Sie bekommen dann ein Gespür dafür, was mit Ihrem Angehörigen geschah. Sehr häufig entstehen dann in Ihnen schon erste innere Bilder von diesen Ereignissen.

Nehmen Sie diese Bilder und stellen Sie sich vor, wie es Ihrem geliebten Menschen erging. Stellen Sie sich dabei in einem nächsten Schritt vor, dass Sie bei ihm sein konnten, ihn begleiten und ihn mit Ihrer Nähe trösten konnten. Sie werden spüren, dass in Ihnen nicht nur ein starkes Mitgefühl, sondern auch eine Nähe zu Ihrem geliebten Menschen über den Tod hinaus entsteht, weil Sie sich mit seinen letzten Lebenserfahrungen emotional verbunden haben. Diese mitfühlende Verbundenheit ist ein wichtiger Baustein für Ihre spätere Beziehung zu Ihrem geliebten Menschen.

»Wie geht es dir jetzt?«

Die Liebe sorgt sich um den Verstorbenen

Eine Witwe gesteht mir in einem Gespräch ganz verschämt, dass sie sich immer wieder Gedanken mache, wie es wohl ihrem verstorbenen Mann in der kalten Erde des Grabes gehen mag. Sie hält die Vorstellung, dass es dort für ihn kalt und feucht ist, kaum aus. Erst als wir herausarbeiten, dass sich darin die Sorge und das Mitgefühl für ihren Mann zeigt, kann die Witwe diese Gedanken, die sie für kindisch hält, zulassen und als berechtigt akzeptieren.

Das Mitgefühl, das in der Trauer erwacht, zeigt sich als fürsorgliches Mitdenken. Es ist der mütterliche Aspekt der Liebe, die an alles fürsorglich denkt, wenn ein Kind das Haus verlässt. In diesem Mitgefühl sorgt sich der Trauernde um das Wohlergehen des Angehörigen auch über seinen Tod hinaus. Das zeigt sich in den sorgenvollen Fragen, die aus der Liebe heraus gestellt werden: Wie mag es meinem geliebten Menschen wohl jetzt gehen? Was macht er jetzt wohl? Hört er mich, sieht er mir zu? Wo ist er jetzt?

Ich frage nach deinem Wohlergehen

Lassen Sie alle Fragen nach dem Wohlergehen Ihres verstorbenen Angehörigen zu, und seien sie auch noch so »naiv«. Fragen Sie ihn ganz direkt: »Wie geht es dir jetzt? Geht es dir gut?« Fragen Sie so, als würden Sie sich bei jemandem, der gerade in einem fernen und fremden Lande angekommen ist, am Telefon nach seinem Wohlergehen erkundigen.

Drücken Sie dann Ihren Wunsch und Ihre Hoffnung so aus:

»Ich wünsche dir, dass es dir gut geht, dass du in deiner anderen, neuen Existenzweise gut angekommen bist und dass es dort für dich gut ist.«

»Ich lasse dich nicht allein, ich will bei dir sein«

Die Nähe als Ausdruck des Mitgefühls

Viele Trauernde möchten ihrem verstorbenen Angehörigen am Sarg so lange als möglich nahe sein. Und wenn sie es nicht selbst können, schicken sie andere Verwandte und Freunde zu dieser

»Totenwache«. Das Ritual der Totenwache ist auch ein Liebesdienst für den Verstorbenen. Trauernde spüren aus Mitgefühl, dass ihr Angehöriger jetzt nicht allein sein soll. Auch später lässt uns die Sorge, dass er nicht zu lange allein sein soll, an das Grab gehen.

Aus diesem Mitgefühl heraus wollen wir dem Verstorbenen nahe sein. Im Mitgefühl überwinden wir die Distanz, die der Tod zwischen uns aufgerissen hat und die wir immer wieder schmerzlich erleben.

Mit meinen Gefühlen bin ich bei dir

Immer wenn Sie an Ihren Angehörigen denken oder Ihr Mitgefühl zu ihm erwacht, können Sie sich das bewusst machen und ihm gegenüber mit folgenden Sätzen ausdrücken:

»Ich fühle mit dir und bin dir im Herzen nah.«

»Ich bin mit meinen Gedanken bei dir und fühle mich dir nah.«

»Ich bin mit meinen Gefühlen bei dir und bin dir im Herzen nah.«

Vielleicht haben Sie es noch schwer, mit Ihrem Verstorbenen zu fühlen oder ihm in Ihren Gefühlen nahe zu sein. Auch das ist ganz normal. Vielleicht ist zurzeit der Schmerz oder die Leere noch übermächtig. Sie können sich für die Wahrnehmung Ihres Mitgefühles sensibilisieren, indem Sie sich und Ihrem geliebten Menschen sagen:

»Ich möchte mit dir fühlen und doch kann ich es jetzt nicht. Wie traurig.«

»Ich möchte mit meinen Gedanken und Gefühlen bei dir sein und doch kann ich es zurzeit noch nicht. Wie traurig.«

»Alles erdenklich Gute will ich für dich tun«

Im Handeln für dich zeigt sich meine Liebe zu dir

Zunächst scheinen wir angesichts des Todes nichts tun zu können. Ohnmächtig müssen wir uns eingestehen, dass wir tatsächlich nichts mehr tun können, was den Verstorbenen ins Leben zurückbringen könnte.

Zugleich aber müssen und können wir noch so viel für den Verstorbenen tun. Vieles ist uns dabei von außen vorgegeben. Vieles müssen wir auch tun, was wir eigentlich nicht tun wollen, weil es uns bestätigt, dass der Verstorbene tatsächlich nicht mehr lebt. Aber es gibt auch vieles, was wir aus unserem Mitgefühl und aus Liebe heraus für ihn tun wollen, jetzt in den ersten Tagen bis zur Beerdigung, aber auch lange Zeit danach.

Dabei spüren wir, dass wir dies für den Verstorbenen tun und wir darin unsere Liebe ausdrücken. Wir beziehen uns in allen unseren Handlungen auf ihn und sind damit in einer inneren Beziehung zu unserem geliebten Menschen.

Was ich für dich tue, tue ich bewusst für dich – aus Liebe
Ich schlage Ihnen vor, dass Sie immer wieder sehr bewusst und ausdrücklich Ihr Tun Ihrem Verstorbenen widmen. Wenn Sie etwas für den Verstorbenen tun, wie zum Beispiel einen Blumenstrauß für das Grab kaufen, dann stellen Sie sich Ihren geliebten Menschen als inneres Bild vor. Sagen Sie ihm leise:

»Ich tue das für dich und tue es aus Liebe zu dir.«

»Ich tue das für dich und gebe es dir von Herzen.«

»Ich möchte dir mein Mitgefühl mitgeben«

Mitgefühl als begleitendes Geschenk

Es ist wohl eines der ältesten Bestattungsrituale, dem Verstorbenen Grabbeigaben mitzugeben. Auch darin zeigt sich die menschliche Fürsorge für den Verstorbenen. Er soll für die Reise in die jenseitige Welt und für seinen Aufenthalt dort gut versorgt und gerüstet sein. Im fürsorgenden Geschenk denken und handeln wir über die Grenze des Todes hinaus. Wir stellen uns dabei – bewusst oder unbewusst – vor, dass der Verstorbene auch über den Tod hinaus unser Mitgefühl, unsere Sorge und unsere Fürsorge braucht. Auch heute legen viele Trauernde in den Sarg oder ins Grab noch etwas als Geschenk, das ihre ganze Liebe ausdrückt. Bei Kindern ist es oft ein Spielzeug oder Stofftier, bei erwachsenen Verstorbenen sind es oft Briefe, Fotos oder ein Schmuckstück. Damit geben die Hinterbliebenen etwas von sich, nämlich das liebende Mitgefühl mit. Das ist neben der symbolischen Gabe das eigentliche Geschenk.

IMAGINATION

Ich schenke dir mein Mitgefühl

Denken Sie an Ihren verstorbenen Angehörigen und lassen Sie das Mitgefühl für ihn in sich entstehen. Stellen Sie sich vor, dass Sie Ihrem geliebten Menschen dieses Mitgefühl mitgeben wollen.

Sie können es Ihrem Angehörigen in den Sarg oder auf das Grab legen. Stellen Sie sich vor, Ihre Einfühlung und Ihr Mitfühlen könnte eine goldene Kugel, ein wertvoller Kristall, ein weiches Tuch oder ein ganz anderes Symbol sein, das für Sie stimmig Ihr Mitgefühl für Ihren Angehörigen ausdrückt. Halten Sie diesen Gegenstand bewusst in Ihren Händen und lassen Sie über Ihre Hände Ihr ganzes Mitgefühl in ihn hineinströmen.

Wenn Sie möchten, können Sie das symbolische Geschenk auch noch einmal an Ihr Herz oder Ihre Wange drücken und ihm so noch einmal Ihre ganzen Gefühle mitgeben. Dann legen Sie das Symbol in den Sarg oder auf das Grab, ganz nahe zu Ihrem geliebten Menschen. Sie können sich auch vorstellen, es ihm selbst zu übergeben als Ihr Geschenk, das Ihre ganze Fürsorge und Ihr ganzes Mitgefühl ausdrückt.

Kapitel 3

Im Schmerz brennt meine Liebe zu dir

Mein Schrei klingt seltsam.
Zu schwach für das Ungeheuerliche.
Irmgard Hülsemann

Armes Herz, du willst nicht,
dass die Wunden heilen.
Etwas hast du noch, solang es schmerzlich brennt;
das Verschmerzte nur ist tot und abgetrennt.
Friedrich Rückert

»Und ich bin ganz Schmerz«

Der Schmerz als angemessenes Gefühl für den Verlust

Vor der Trauer kommt der Schmerz. Das wird in vielen Trauerratgebern übersehen, nicht zuletzt auch deshalb, weil wir in unserer Kultur eher mit der stillen Trauer als mit dem offenen Schmerz umgehen können.

Anfangs dämpft der Schock und das Nicht-wahrhaben-Wollen unseren Schmerz, manchmal ist er zunächst ganz ausgeschaltet. Doch unter der Lähmung und Erstarrung hämmert schon der Schmerz, weil unsere Seele trotz des Schocks eben auch weiß, dass der Tod des geliebten Menschen schlimmste Realität ist. Wie eine Wunde frisst sich der Schmerz durch das Nicht-wissen-Wollen des Schocks, oft bahnt sich der Schmerz auch ganz direkt seinen Weg nach oben.

Der seelische Schmerz ist so massiv, dass wir ihn auch körperlich erleben. Wir spüren in unserem Körper, dass wir nicht nur eine Verletzung haben, sondern dass wir ganz die Wunde sind. Der Tod hat uns den geliebten Menschen aus unserem Herzen gerissen. Das ist so, als wäre uns selbst das Herz genommen. Alles tut uns weh, der ganze Körper bis in die Knochen und in die Haarspitzen hinein.

Es gibt keinen größeren Schmerz, als ganz Schmerz zu sein. Und es gibt nichts Größeres zu verlieren als den geliebten Menschen. Der Schmerz brennt in mir ein, was ich mit dem geliebten Menschen verloren habe, nämlich alles. Was schmerzt und brennt, ist die Wunde in der Liebe selbst. Sie ist verwundet, sie ist verletzt bis ins Innerste – und sie zeigt das im Schmerz. Der Schmerz im Verlust ist der tiefste Liebesschmerz, den ein Mensch, der liebt, erleben kann.

Mein Schmerz ist jetzt richtig und so nehme ich ihn an
Erlauben Sie sich den Schmerz und sagen Sie zu sich:

»Es tut unendlich weh, dich zu verlieren. Ich bin ganz wund vor lauter Schmerz.«

»Es gibt keinen schlimmeren Schmerz, als dich zu verlieren. Der Schmerz zeigt mir, wie unendlich wichtig, wertvoll und bedeutend du für mich bist. Mein Schmerz ist jetzt genau richtig.«

»Was soll ich mit meinem Schmerz um dich tun?«

Den Schmerz zulassen und – laut oder still – ausdrücken

Wer verletzt ist, schreit seinen Schmerz heraus. Der Schmerzensschrei ist Aufschrei, Wutausbruch, Hilferuf, Schmerzenslaut und Klageruf in einem. Warum sollten wir nicht alles herausbrüllen, was als Schmerz in uns ist?

In den Trauerritualen des Orients ist das gar keine Frage, und die Klagefrauen schreien ihren Schmerz auch öffentlich hinaus. In unserer Kultur dürfen wir unseren unmittelbaren Schmerzimpuls nicht durch Schreien ausdrücken. Wir schlucken ihn hinunter, wir verbeißen uns den Schmerz und halten ihn in uns fest. In unserer Kultur der Selbstbeherrschung haben insbesondere die Männer dies über lange Zeit gelernt. Frauen dürfen eher ihren Schmerz zeigen, aber auch nur als leise weinenden Schmerz. Aber wäre der Schrei nicht der angemessene Ausdruck meiner verletzten Liebe? Häufig ist es zuerst nur ein Schluchzen und ein erster Impuls, laut zu schreien. Aber dann ist das Schreien einfach da. Wir können dies zulassen, wenn wir uns schützende Rahmenbedingungen verschaffen. Der Schmerzensausdruck über das Schreien ist dabei kein Selbstzweck, sondern Ausdruck unserer Liebe zum Verstorbenen. Und warum sollten wir unsere verletzte und schmerzende Liebe nicht ausdrücken dürfen, zumal darin auch die Kraft der Liebe deutlich wird?

Den Schmerz ausdrücken

Sorgen Sie dafür, dass Sie allein und ungestört in Ihrer Wohnung oder in Ihrem Haus sind. Vielleicht suchen Sie einen abgelegenen und einsamen Ort auf und konzentrieren sich nun auf Ihren Körper, in dem Sie Ihren Schmerz spüren. Sagen Sie sich:

»Der Schmerz ist jetzt (wieder) da. Er will sich zeigen, er will sich ausdrücken. Und das ist in Ordnung so.«

Drücken Sie in Mimik und Gestik aus, wie Sie Ihren Schmerz zurückhalten. Sie tun dies unbewusst und unbemerkt. Um dieser Abwehr auf die Spur zu kommen, können Sie dies nun bewusst und ein wenig übertrieben tun.

Pressen Sie die Lippen aufeinander, beißen Sie die Zähne zusammen und lassen Sie Ihr Gesicht hart werden. Dann ballen Sie die Fäuste, damit Sie den Schmerz aushalten. Ziehen Sie Ihre Schultern nach oben, machen Sie Ihren Brustkorb eng und halten Sie den Atem an. Sie spüren, wie viel Kraft Sie brauchen, um den Schmerz zurückzuhalten. Dennoch kann es sein, dass genau das jetzt für Sie stimmt. Dann sagen Sie:

»Ja, ich will meinen Schmerz zurückhalten, bei mir behalten, und das hilft mir jetzt.«

Vielleicht spüren Sie aber auch den Impuls, den Schmerz auszudrücken, dann können Sie zum nächsten Schritt übergehen.

Behutsam und vorsichtig können Sie nun Ihren Schmerz still in Ihrer Mimik und Gestik ausdrücken. Ihr Schmerz bekommt so eine Gestalt und ein Gesicht, wenn Sie dies bewusst in dem Maß tun, in dem es für Sie stimmt, anfangs sehr vorsichtig, dann immer deutlicher und dann auch ein wenig übertrieben.

Verzerren Sie Ihre Miene zu einem Schmerzgesicht, öffnen Sie Ihren Mund weit wie zu einem Schmerzensschrei und halten Sie diesen Gesichtsausdruck fest. Machen Sie mit Ihren Armen und Händen dann das, was zu diesem Schmerzausdruck passt.

Vielleicht möchten Sie nun Ihren Schmerz herausschreien, herausschluchzen und herausbrüllen. Spüren Sie Ihren Schmerz und geben Sie ihm einen Ton, einen Laut und schließlich einen Schrei. Sie können dabei schimpfen, fluchen oder auf den Boden stampfen. Im Freien können Sie den Schmerz durch schnelles Gehen oder Laufen heraustreten und weglaufen, bis Sie nur noch Ihr Atmen, Ihre Muskeln und Ihr Herz spüren. Und vielleicht fließt nun auch die Trauer heraus, vielleicht nimmt nun die Erschöpfung überhand und Sie wollen nur noch schlafen.

Wer den Schmerz zulässt und ausdrückt, wird die Erfahrung machen, dass er in ein schluchzendes, dann weiches Weinen übergehen wird. Der Schmerz, der manchmal gewalttätige Züge hat, bricht sich an der Realität des Todes und kann dabei weich werden, bis er sich schließlich in Trauer auflöst.

»Ich darf dich nicht mehr lieben und wünsche es doch so sehr«

Und in allem Schmerz bahnt sich die Liebe ihren Weg

Es tut weh, nicht mehr lieben zu dürfen, und ebenso schmerzt, dass wir nicht mehr geliebt werden. Im Schmerz wünschen wir nur eines, nämlich den geliebten Menschen weiter zu lieben und von ihm geliebt zu werden.

> *Ein Vater erzählt, dass er nach dem Tod seiner Tochter mit dem Auto an eine einsame Stelle fährt, im Auto sitzen bleibt, das Lenkrad mit aller Macht umkrallt und dann einfach nur seinen Schmerz herausschreit. Immer wieder schreit er dabei auch den Namen seiner Tochter, laut und ungezügelt. Ihm wird bewusst, dass er nicht nur seinen Schmerz herausschreit, sondern nach seiner Tochter ruft und sie mit dem Namensschrei herbeizwingen will.*

Im Schmerzensschrei drückt sich der Wille der Liebe aus, den geliebten Menschen wiederhaben zu wollen. Die Liebe ruft nach dem verlorenen Menschen, sie will ihn im Schmerzensschrei am Leben erhalten und ins Leben zurückrufen. Die Liebe zeigt noch im schlimmsten Schmerz, dass sie sich nicht einfach mit dem Tod des geliebten Menschen abfinden will.

In den ersten Tagen und Wochen nach dem Tod des Angehörigen können wir noch nicht wissen, dass unsere Liebe trotz der realen Abwesenheit des geliebten Menschen andere Wege des Liebens finden wird. Aber in der Heftigkeit des Schmerzes zeigt sich, wie sehr wir lieben wollen und dass unsere Liebe nicht aufgeben wird, neue Wege zu finden.

Im Schmerz spüre ich den machtvollen Wunsch zu lieben
Suchen Sie sich einen geschützten Ort. Nehmen Sie Kontakt mit Ihrem Schmerz auf und spüren Sie, wie mächtig und stark er ist. Sie spüren, wie sehr er nach außen drängt und Ihren geliebten Menschen erreichen will.

Sagen Sie sich und Ihrem geliebten Menschen:

»Mein Schmerz ruft nach dir und will dich wiederhaben. Auch wenn das sinnlos erscheint. Ich fühle doch nichts anderes, als dass ich dich wieder lieben will und von dir geliebt werden will.«

Vielleicht möchten Sie aus der Energie des Schmerzes heraus den Namen Ihres geliebten Menschen eindringlich, mit ganzer Kraft sagen, vielleicht rufen, vielleicht schreien. Spüren Sie dabei die Kraft, die im Schmerz steckt. Lassen Sie dann zu, dass Ihr Schmerz in Tränen übergeht oder in der Erschöpfung zur Ruhe kommt.

»Du fehlst mir so sehr!«

Das Gefühl des Vermissens gehört zum Schmerz

Wenn wir den Schmerz zulassen und in seiner Qualität genauer spüren, zeigt sich neben dem bis ins Körperliche gehenden Brennen des Schmerzes das Gefühl des Missens. Dieses Gefühl wird in der Trauerpsychologie selten beschrieben, weil es genauso schwer zu fassen ist wie der mir fehlende Angehörige.

Dieses Gefühl antwortet auf die Erfahrung, dass der andere nicht mehr da ist, dass er eine unbeschreibliche Leere hinterlassen hat und er mir jetzt und für immer fehlen wird. Wir möchten nach dem anderen greifen und greifen doch ins Leere, wir möchten den anderen halten und halten doch nichts fest, wir möchten den anderen am

Tisch sitzen sehen und sehen doch nur den leeren Stuhl. Diese Erfahrung hinterlässt nicht nur in der äußeren Realität eine Leerstelle, sondern auch in mir selbst.

Ich nehme mein Gefühl des Missens ernst
Nehmen Sie ein Blatt Papier und beginnen Sie jede Zeile mit dem Satz »Du fehlst mir so sehr mit ...« oder »Ich vermisse dein ...«.

Ergänzen Sie dann den Satz mit dem, was Sie konkret vermissen, weil Ihr geliebter Mensch nicht mehr da ist. Solch eine Satzergänzung könnte »... mit deinem Lachen« oder »... deine Art, etwas zu erzählen« lauten. Jeden weiteren Einfall formulieren Sie als Satzergänzung, vor die Sie jedes Mal neu einen der oben genannten Einleitungssätze schreiben.

Die schlimme Erfahrung des Vermissens trägt das Gefühl des Sehnens in sich. In der Sehnsucht gibt sich unsere Seele nicht einfach mit der Leere ab, sondern will dem Verstorbenen nahe sein. Das Gefühl des Vermissens ist also der Geburtsort unserer Sehnsucht (vgl. dazu Kapitel 7).

In meinem Missen sehne ich mich nach dir
Sagen Sie sich und Ihrem verstorbenen Angehörigen:

»Immer wenn ich dich vermisse, sehne ich mich danach, dass du jetzt hier bist.«

»Wenn ich dich vermisse, sehne ich mich danach, zu wissen, wo du jetzt bist.«

»Wenn ich dich vermisse, sehne ich mich danach, bei dir zu sein. Ich traue meiner Sehnsucht, dass sie dich finden wird. Nicht in der äußeren Realität, aber doch in einer anderen Wirklichkeit, die für die Liebe auf ihre Weise real ist.«

»Im Brennen des Schmerzes erkenne ich meine Liebe zu dir«

Wir können die Liebe vom Schmerz unterscheiden

Im Brennen des Schmerzes spüren wir zunächst nur, dass wir den Angehörigen verloren haben. An Gefühle der Zuneigung oder der Liebe ist nicht zu denken. Und dennoch kennen wir auch ein schmerzhaftes Brennen der Liebe, insbesondere dann, wenn sie frisch entflammt ist und der Geliebte noch unerreichbar ist.

Auch im Schmerz der Trauer brennt der Schmerz der unerfüllten Liebe, und wir wissen noch nicht, ob es neue Wege der Erfüllung geben wird. Aber auch eine unerfüllte Liebe, die schmerzt, ist Liebe in ihrer ganzen Kraft. Deshalb gilt es, im Schmerz die Liebe zu entdecken und sie aus dem Schmerz herauszukristallisieren.

Im Brennen meines Schmerzes entdecke ich meine Liebe zu dir
Nehmen Sie bewusst Kontakt zu Ihrem Schmerz auf. Spüren Sie seine Heftigkeit und Schärfe. Spüren Sie das Brennen der Wunde, die der Verlust in Ihnen aufgerissen hat. Gehen Sie dem Brennen nach, so, als hätten Sie Ihre Haut aufgeschrammt, als hätten Sie eine offene Wunde oder einen schlimmen Sonnenbrand, so, als wäre etwas Scharfes in Ihre Augen geraten.

Lassen Sie zu dem Gefühl des Brennens das Bild von Flammen entstehen. Spüren Sie neben dem Brennen die Energie, die in diesen Flammen steckt, wandeln Sie das Brennen in das Brennen der Sehnsucht, in das Brennen der Liebe. Mehr und mehr spüren Sie die unbändige Kraft der Liebe, die in Ihrem Herzen brennt, heftiger, schmerzender, pochender vielleicht denn je. Sie ahnen, dass diese jetzt noch unerfüllte Liebe neue Wege des Lebens und eine neue Beziehung zu Ihrem geliebten Menschen finden wird.

»Nichts kann mich trösten, weil dich niemand ersetzen kann«

Die Untröstlichkeit gehört zum Trauerschmerz

Wer einen Menschen intensiv geliebt hat, darf bei dessen Tod untröstlich sein. Die Untröstlichkeit ist ein Zeichen für die Größe des Verlustes. Die Größe der Untröstlichkeit zeigt auch, wie viel Liebeskraft dem geliebten Menschen bisher zugeflossen ist.

Natürlich versuchen uns die Angehörigen, Freunde und Bekannten zu trösten. Und das ist auch gut so, zeigt dies doch, dass sie mit uns und unserem Verlust mitfühlen. Innerlich erleben wir aber, dass uns kein Trost wirklich tröstet. Dieses Gefühl der Untröstlichkeit gehört nicht nur an den Anfang des Trauerweges, sondern wird immer wieder einmal auftauchen und uns überfallen.

Und das hat seinen guten Grund: Der Verstorbene ist einmalig und kann nicht ersetzt werden. Kein Trost kann diese Lücke füllen. Deshalb braucht die Untröstlichkeit ihr Recht und ihre Anerkennung.

Ich darf untröstlich sein

Wenn Sie das Gefühl der Untröstlichkeit, der Verzweiflung oder der Verwundung spüren, sprechen Sie dieses Gefühl aus:

»Heute bin ich ungetröstet und nichts hilft mir. Ja, ich bin untröstlich. Und das ist in Ordnung und dem angemessen, dass ich dich verloren habe. Meine Untröstlichkeit darf jetzt einfach sein.«

»Ich will mich in meiner Untröstlichkeit halten lassen«

Das untröstliche innere Kind trösten

Ein untröstliches Kind tröstet man am besten ohne Worte. Man nimmt es in die Arme, hält es fest, drückt es an die Brust, atmet in den eigenen Brustkorb und vermittelt so den beruhigenden Rhythmus des Atmens. Man sagt ihm nur eines: »Ja, das ist jetzt ganz schlimm für dich.« Und dann drücke ich das Kind noch liebevoller, intensiver und fester an mich.

Nichts anderes als solch ein Kind sind wir am Beginn der Trauer und auch später immer wieder. Im Verlust sind wir nicht mehr die Erwachsenen, sondern das untröstliche Kind, das sein Wichtigstes verloren hat.

Wir kennen solche schlimmsten Verluste in unserer Kindheit, und sei es »nur« der Verlust der Lieblingspuppe. Diese Verlustgefühle von damals werden nun reaktiviert. Wir sind heute das untröstliche Kind von damals. Und dieses Kind – unser inneres Kind – braucht wie wir als Erwachsene auch das Gehaltenwerden, das ohne Worte tröstende Kraft spendet.

Das innere Kind tröstend halten
Setzen Sie sich für diese Übung in einen großen Sessel oder legen Sie sich auf eine Decke und rollen Sie sich in der Embryohaltung zusammen. Legen Sie Ihre Arme vor der Brust übereinander und halten Sie mit den Händen Ihre Schultern. Vielleicht erinnern Sie sich auch, wie Sie von lieben Menschen in einer festen Umarmung gehalten wurden.

Halten Sie sich mit Ihren Armen, spüren Sie Ihren Atem und lassen Sie Ihre Trauer und Untröstlichkeit zu. Sagen Sie sich:

»Mein inneres Kind ist untröstlich. Ich halte es in seiner Untröstlichkeit in meinen Armen. Ich drücke es fest an mich und sage ihm: ›Ja, es ist wirklich schlimm, und ich halte dich jetzt ganz fest.‹«

Dabei stellen Sie sich vielleicht sich selbst als fünf- oder zehnjähriges Kind vor, das Sie nun in Ihren Armen halten. Wenn Sie einen religiösen Hintergrund haben, können Sie sich vorstellen, dass Sie in Gottes Armen, von seinen Händen und in seinem Schoß gehalten sind.

Vielleicht bricht jetzt Ihre ganze Trauer auf. Dann lassen Sie das Schluchzen und Weinen geschehen, während Sie sich halten und in den großen Sessel drücken oder auf der Decke noch stärker in die Embryohaltung hineingehen. Spüren Sie den Halt noch intensiver. Bleiben Sie in dieser Haltung, solange es Ihnen guttut.

Dann lösen Sie Ihre Arme, bewegen sich langsam und kommen mit der Aufmerksamkeit wieder in den Raum zurück, in dem Sie gerade sind.

Kapitel 4

In meiner Trauer wohnt die Liebe zu dir

… man wird ungetröstet bleiben,
nie einen Ersatz finden.
… Und eigentlich ist es recht so.
Es ist die einzige Art,
die Liebe fortzusetzen,
die man ja nicht aufgeben will.
Sigmund Freud

»Nur eines kann ich jetzt: um dich trauern!«

Mit der Allmacht der Anfangstrauer umgehen

Wenn sich der Schleier des Schocks allmählich hebt und das Hämmern des Schmerzes langsam nachlässt, ergreift die Trauer Besitz von uns. Anfangs sind wir dann ganz und gar Trauer. Die Welt und das eigene Gemüt haben sich ganz und gar verdunkelt. Wir glauben nicht mehr, dass in uns irgendwann auch nur ein Funke Helligkeit leuchten könnte. Die Schwere zieht unsere Seele zu Boden und saugt die Kraft aus unseren Gliedern.

Bei vielen genügt dann ein kleiner Anstoß, und sie können weinen. Ganz schnell steigen ihnen die Tränen in die Augen. Andere trauern anfangs so sehr, dass sie paradoxerweise nicht weinen können. Manche können nicht mehr weinen, weil der Schmerz in ihnen alles verbrannt hat oder weil der Tränenvorrat längst aufgebraucht ist. Wieder andere fürchten sich vor ihrer Trauer und kontrollieren sich deshalb so stark, dass sie ihre Trauer zurückhalten, sie wegschieben und verdrängen.

Alle diese Reaktionsweisen sind zunächst in Ordnung: Bei den einen fließt ihr innerer großer Trauersee ständig über, bei den anderen ist er hinter einem starken Staudamm gehalten oder die Trauer hat sich wie in einem großen Felsblock konzentriert und versteinert.

Wenn meine große Trauer mich überfällt
Besonders am Beginn unseres Trauerweges wird uns die Trauer in den unterschiedlichsten, manchmal auch unpassenden Situationen überfallen und uns mit aller Macht die Tränen in die Augen treiben, ein Schluchzen oder Weinen in uns auslösen. In der Regel können wir das nicht steuern und sollten es auch nicht tun. Es ist besser, sich der Macht der Trauer zu beugen und sie zuzulassen.

Sie können zu Ihrer Trauer sagen:

»Du, meine Trauer, bist jetzt einfach da, ob es mir gefällt oder nicht. Du bist stärker als ich. Das anerkenne ich, weil ich weiß, dass deine Größe meinem unendlich großen Verlust angemessen ist. Deshalb sei auf deine Weise da, so stark und heftig, wie du jetzt da sein möchtest.«

Der nächste Impuls hilft, mit der starken Anfangstrauer allmählich bewusster umzugehen und sie zunehmend selbst zu gestalten.

Mein Bild meiner Trauer

Nehmen Sie sich Zeit und suchen Sie sich einen ruhigen und geschützten Ort. Nehmen Sie dann Kontakt mit Ihrer großen Trauer und Traurigkeit auf. Sagen Sie sich:

»Ich bin jetzt die Trauer, und das ist in Ordnung so.« Dann schauen Sie, welches Bild, welches Symbol, welcher Gedanke Ihnen zu Ihrer Trauer einfällt. Das kann etwas Einfaches sein wie ein Stein, ein Kohlebrocken oder auch eine Wüstenlandschaft, ein verlassenes Dorf, ein tiefer See oder ein abgebranntes Haus. Lassen Sie das Bild auf sich wirken. Dann sagen Sie sich:

»In meiner Trauer bin ich wie dieses verlassene Dorf« oder »In meiner Trauer fühle ich mich wie ein Stück gepresste Kohle«. Sollte kein Bild aufsteigen, ist das auch in Ordnung. Dann sagen Sie sich:

»In meiner Trauer bin ich selbst das Bild meiner Trauer.«

Sehen Sie sich dann in Ihrer Trauer. Nehmen Sie wahr, wie traurig Ihr Gesicht ist und wie Sie voller Trauer dastehen. Lassen Sie das Bild Ihrer Trauer noch einmal vor Ihrem inneren Auge stehen und geben Sie ihm dann einen Bilderrahmen. Das kann ein ganz einfacher Rahmen aus Holz sein, ein schwarzer oder weißer Rahmen, es kann ein Rahmen aus einem anderen Material sein. Er sollte zu Ihrem Bild von Ihrer Trauer passen.

In diesem gerahmten Bild bekommt Ihre Trauer eine Gestalt und eine Form, die durch den Rahmen gefasst und hervorgehoben wird. Sie haben vielleicht bemerkt, dass sich Ihre Trauer in dieser Übung verändert, vielleicht nur ganz, ganz wenig, vielleicht nur für einen sehr kurzen Moment.

Es bleibt Ihre Trauer – und Ihnen bleibt die Trauer. Sie soll und darf Ihnen nicht genommen werden. Auch Sie selbst sollten sie sich nicht nehmen. Mit dieser Bildübung aber arbeiten Sie an Ihrer Trauer und gestalten sie so.

»Es ist so traurig – du bist nicht mehr da«

Die Trauer konfrontiert mit der realen Abwesenheit des Verstorbenen

Die übliche Trauerliteratur hat in einem gewissen Sinne Recht: Der Verstorbene fehlt in der äußeren, konkreten Lebensrealität des Hinterbliebenen. Er muss diese harte Realität über den Schmerz und die Trauer allmählich realisieren. Am Ende eines langen, oft verschlungenen Weges muss ich akzeptieren, dass der geliebte Mensch nicht mehr leiblich da ist. Insofern geht es beim Trauern um einen Abschied vom Verstorbenen in der äußeren Realität.

Die Erfahrungen des Verlassenwerdens, der Leere und des Alleinseins sind weitere Aspekte einer »bitteren Medizin« für die Seele, das Loslassen im Äußeren einzuüben. Immer wieder machen Trauernde die schmerzliche Erfahrung, dass der geliebte Mensch jetzt nicht da ist, dass er jetzt fehlt.

Das ist und bleibt lange Zeit unwirklich und schmerzlich zugleich. Immer wieder erleben wir die reale Abwesenheit als etwas Unwirkliches. Die Seele muss immer wieder, manchmal sehr lange nach dem Schutz des Verleugnens greifen. Und das ist zunächst auch in Ordnung, wird doch die Realität der Abwesenheit des geliebten Menschen allmählich in die Seele eindringen und über die Erfahrung des Schmerzes wirklich werden: Der geliebte Mensch ist als lebendiges, fassbares Wesen nicht mehr anwesend und wird es nie mehr sein.

Dies zwingt uns – es ist keine freiwillige Zustimmung! – dazu, dass wir der äußeren Abwesenheit des Verstorbenen allmählich zustimmen. Die Liebe allerdings wird andere Wege im Inneren unserer Seele finden, in der die Anwesenheit des geliebten Menschen zu einer eigenen Realität wird.

Ich bin so traurig, weil du nicht mehr bei mir bist

Wenn Sie die traurige Abwesenheit Ihres geliebten Menschen spüren, dann thematisieren Sie diese sehr bewusst für sich. Lassen Sie den Schmerz und die Trauer zu. Beides sind die angemessenen Gefühle für diese äußere Realität, die Sie mit den folgenden Sätzen aussprechen:

»Du bist jetzt nicht hier – das ist traurig und doch ist es jetzt so.«

»Ich kann jetzt nicht mit dir reden – das ist traurig und doch ist es jetzt so.«

»Ich kann dich jetzt nicht umarmen – das ist traurig und doch ist es jetzt so.«

Fügen Sie weitere Sätze hinzu, was Sie jetzt konkret nicht mehr mit Ihrem geliebten Menschen tun können und wo er Ihnen fehlt. Sie können dies über mehrere Tage fortführen. Das wird sicherlich sehr traurig sein, dennoch entspricht es der äußeren Realität. Der erste Teil des Folgesatzes »das ist traurig« nimmt Ihre Trauer auf, der zweite Teilsatz »und doch ist es jetzt so« beschreibt die äußere Realität.

Sie können sicher sein, dass mit der Benennung der äußeren Realität neue Räume für eine innere Realität entstehen, in denen Ihr geliebter Mensch in der Liebe anwesend sein kann.

»Ich gebe meiner Trauer Zeit und Raum«

Die Trauer will in vielfältiger Gestalt gelebt werden

Die Trauer hat ihr eigenes Tempo, das sehr viel langsamer ist, als es unsere schnelllebige Zeit verlangt. Trauer lässt sich nicht drängen, nicht beschleunigen, nicht abkürzen, nicht abbrechen. Natürlich lässt sich Trauer scheinbar verdrängen oder wegschieben, aber im unbewussten Raum unserer Seele bleibt sie erhalten. Sie braucht deshalb ihren eigenen Raum, an dem sie sich zeigen darf, da sein darf und sehr bewusst gelebt wird.

Die meisten Trauernden leben ihre Trauer bei sich zu Hause, aber auch das Grab oder andere Plätze können zu Orten werden, die wir sehr bewusst aufsuchen, um dort unsere Trauer zu leben. Auch in Trauergruppen können Hinterbliebene bewusst ihre Trauer zulassen und mit anderen teilen. Oft ist es das Bild des Angehörigen oder das Grabkreuz, der Name auf dem Kreuz oder eine Erinnerung, die die Trauer hervorrufen. Dann ist sie einfach da und will jetzt wahrgenommen und gespürt werden.

Ich gebe meiner Trauer jetzt ihre Zeit und ihren Raum
Geben Sie Ihrer Trauer mit folgenden Sätzen ihre eigene Zeit und ihren eigenen Raum:

»Meine Trauer, ich habe jetzt Zeit und Raum für dich. Ich nehme mir Zeit für dich und lasse dir jetzt den Raum, den du für dich brauchst. Ich bin jetzt bereit, dich zu empfangen, wenn du kommst, wie immer du willst, sei es im Schluchzen, in feuchten Augen, in wenigen Tränen oder im intensiven Weinen.«

Viele Betroffene können ihre Trauer ausweinen, bis sie sich in Erschöpfung löst. Wer das kann, wird merken, dass er auch ein Stück Erleichterung im Weinen erfährt.

Für Menschen, die Angst haben, die Kontrolle über ihre Trauer zu verlieren, und sich deshalb erst gar nicht in die Trauererfahrung wagen, ist es hilfreich, die Trauer und das Weinen gut zu begrenzen. Es hört sich zunächst ein wenig gekünstelt an, wenn ich mir eine begrenzte und vorher festgelegte Zeit für meine Trauer nehme. Es ist wichtig, dass ich die Grenze meiner Trauer gegenüber liebevoll und würdigend, aber doch klar und eindeutig setze. Hier geht es nicht um ein »Abwürgen« oder Verdrängen des Weinens und des bewussten Trauerns, sondern darum, dass die Trauer einen guten und eben auch begrenzten Raum in meinem Alltag bekommt. Je sicherer wir – ich und meine Trauer – im Umgang miteinander werden, umso selbstverständlicher wird es gelingen, dass die Trauer zu ihrer Zeit da sein darf und zu bestimmten Zeiten eher in den Hintergrund tritt.

Meine Trauer gut begrenzen
Ich kann meiner Trauer sagen:

»Es war jetzt gut und wichtig für mich, traurig zu sein und zu weinen. Nun ist es gut so, und es tut auch gut, jetzt zu einem Ende mit dem Trauern zu kommen. Wenn mir danach zumute ist, kann ich später und jederzeit noch einmal meine Trauer leben. Jetzt möchte ich dir, liebe Trauer, eine Grenze setzen. Ich will und kann mich nun auch wieder anderen Dingen zuwenden.«

Immer wieder erleben Trauernde, dass sie zu bestimmten Zeiten nicht trauern können. Dann ist es hilfreich, sich auch dies ausdrücklich zu erlauben. Damit nehme ich mir den Druck, trauern zu müssen, oder auch den stillen Vorwurf, dass ich nicht trauern kann. Mit dieser Erlaubnis kann sich dann die Trauer wie von selbst einstellen. Es gilt die Regel, dass meine Trauer sowie auch die anderen Gefühle im Trauerprozess selbst entscheiden, wie und wann sie sich zeigen, wie und wann sie von mir gelebt werden wollen.

Zurzeit kann ich nicht trauern

Mit folgenden Sätze erlauben Sie sich, dass Sie zurzeit nicht trauern können:

»Wenn ich jetzt nicht trauern kann, ist das in Ordnung. Meine Trauer wird sich zu ihrer Zeit einstellen und sich bei mir auf ihre Weise zeigen. Und meine Seele wird meine Trauer dann zulassen, wenn sie die Trauer braucht.«

Die Trauer ist nicht nur eine individuelle Angelegenheit für das »stille Kämmerlein«, sondern sie will zusammen mit anderen erlebt werden. Auch der zwischenmenschliche Raum ist ein wichtiger und angemessener Ort, in dem ich meine Trauer leben kann. Ich kann meine Trauer anderen mitteilen, sie mit anderen teilen und so auch bearbeiten. Das werden in der Regel nächste Angehörige, Freunde und nahe Bekannte sein. Manchmal entsteht auch das Bedürfnis, meine Trauer mit einem neutralen, außenstehenden Menschen zu besprechen und sie dadurch besser zu begreifen. Neben Seelsorgern, Trauerbegleitern und Mitbetroffenen in einer Trauergruppe sind bei sehr schwerer Trauer zudem Psychotherapeuten wichtige Gesprächspartner.

Auch hier brauchen wir für uns selbst die Erlaubnis, unsere Trauergefühle nach unserem Bedürfnis und Ermessen in ein Gespräch einzubringen. Wir können uns dabei klarmachen, dass Gespräche über meine Trauer immer auch Gespräche über meinen geliebten Menschen sind. Und wenn ich ihn nicht nur bei mir, sondern auch bei anderen lebendig halten will, ist das Gespräch mit diesen sehr wichtig.

Ich erlaube mir, meine Trauer vor anderen an- und auszusprechen

Ich kann mir die Erlaubnis mit folgenden Sätzen geben:

»Es ist in Ordnung, meine Trauer anzusprechen, wenn ich es jetzt brauche. Ich werde meine Situation, meine Gefühle und mein Gedenken an meinen lieben Menschen einbringen, wenn es für mich dran ist und für mich stimmt.

Ich tue dies nicht ständig oder aufdringlich, sondern ganz selbstverständlich, klar und deutlich. Ich übernehme hierfür die Verantwortung, weil ich weiß, dass andere sich oft scheuen, mich auf meine Trauer anzusprechen.

Manchmal ist es gut, wenn ich nachfrage, ob es für die anderen in Ordnung ist, über meine Trauer zu sprechen. Letztlich aber haben sie die Verantwortung, zu sagen, wenn es ihnen zu viel wird.«

»In meinem Körper trauere ich um dich«

Der Körper als zentraler Ort der Trauer

Allmählich verliert unsere Trauer ihre Allgegenwart in unserer Seele und in unserem Leben. Sie ist zwar noch immer in uns, aber hat sich in bestimmte Körperbereiche zurückgezogen und dort konzentriert. Der Ort unserer Trauer ist nun nicht mehr der ganze Körper, sondern er ist in bestimmten Körperregionen verankert. Es ist gut zu wissen, wo in unserem Körper unsere Trauer verortet ist, von wo sie dann aufsteigen wird oder wo ich sie finden kann.

Wenn wir zu schnell wieder zur Tagesordnung übergehen oder unsere Trauer »wegdrücken«, besteht die Gefahr, dass sich die Trauer in diesen Körperregionen festsetzt und diese mit ihrer Schwere einseitig belastet. Deshalb ist es wichtig, die Trauer im Körper immer wieder aufzusuchen, sie von dort aus zuzulassen und sie im Weinen, in Gedanken oder in Gesprächen mit anderen zu leben.

Eine Reise zum Körperort meiner Trauer
Wenn Sie mit Ihrer Aufmerksamkeit in Ihren Körper wandern, werden Sie intuitiv wissen, in welchen Körperregionen es sich seit dem Tod Ihres Angehörigen schwer und eng anfühlt. Sie wissen vermutlich aus Erfahrung, aus welcher Körperregion Ihre Trauer als warmer, dann zunehmend heißer Strom über den Hals in die Augen aufsteigt und sich als Tränen manifestiert.

So können Sie jetzt den umgekehrten Weg gehen und die schwere, dunkle Trauerregion Ihres Körpers aufsuchen. Wandern Sie mit Ihren Sinnen in diesen Körperbereich Ihrer Trauer. Das mag der Brustkorb sein oder das Herz, weiter nach unten gehend mag es der obere Bauchbereich, der Magen oder das Becken sein.

Nehmen Sie Ihre Trauerregion wahr, öffnen Sie diese für Ihre Trauer. Atmen Sie in diesen Körperbereich hinein und lassen Sie sich dafür Zeit. Lassen Sie die Trauer durch Ihre Körperregion hindurchströmen, lassen Sie die Trauer aufsteigen, lassen Sie sie zu Ihnen kommen. Es mag wie ein Aufsteigen warmen Wassers sein oder wie das Aufwallen von Schluchzern. Die Trauer ist jetzt da und darf da sein. Es ist Ihre Trauer für Ihren geliebten Menschen. Vielleicht merken Sie dann, dass mit der Trauer Ihr geliebter Mensch Ihnen nahekommt und dass Sie ihn spüren. Vielleicht spüren Sie auch den lösenden Fluss Ihrer Trauer. Dann lassen Sie ihn fließen, seine eigenen Wege finden und schließlich zur Ruhe kommen.

»Wenn ich um dich weine, spüre ich mich wieder«

Zugelassene Trauer öffnet mich für die Liebe

Menschen, die nicht weinen können, haben ihre Trauer oft eingefroren. Sie fühlt sich dann wie ein schwerer Stein oder wie ein eiserner Riegel an, der auf dem Brustkorb lastet. Andere erleben die erstarrte Trauer als einen Brocken Eis oder ein Stück leere Wüste in sich. Manche Menschen erleben sich selbst gänzlich in Erstarrung. Letzteres ist ein ernst zu nehmendes Signal, psychotherapeutische Hilfe aufzusuchen.

Die Erstarrung der Trauer hat immer ihre guten Gründe, oft zum Beispiel die Angst, dass ich beim Zulassen des Weinens die Fassung verliere und gar nicht mehr aufhören kann zu weinen. Diese Befürchtung ist in der Regel nicht begründet. Unsere Fähigkeit, Trauer im Weinen auszudrücken, ist begrenzt. So heftig die Tränen anbranden mögen, so sicher werden sie abfließen und die Schwere in mir lösen. Ich kann mich dann wieder mehr selbst spüren und werde offen für die Liebe zum Verstorbenen, die auf dem Grund der Trauer als ein zu bergender Schatz wartet.

Die erstarrte Trauer dagegen blockiert mich und meine Liebe. Zudem kostet es Kraft, die Erstarrung auszuhalten und zu ertragen. Deshalb ist es immer wieder wichtig, die eigene Trauer rechtzeitig aufzusuchen, mit ihr in Kontakt zu kommen und sie wieder ins Fließen zu bringen, bevor sie sich in einer Erstarrung verhärten kann. Frühe Anzeichen, dass ich und meine Trauer hart, kalt oder zu schwer werden, sollten wir wahrnehmen und zum Anlass nehmen, unsere Trauer wieder mehr zu fühlen.

IMAGINATION

Meine verfestigte Trauer schmelzen lassen

Wenn es Ihnen schwerfällt, Ihre Trauer zu fühlen, dann gehen Sie jetzt in Ihrer Vorstellung an die Körperstelle, an der es verspannt, schwer, eng oder hart ist. Spüren Sie diese Körperstelle. Wenn Sie möchten, können Sie sie mit Ihrer Hand berühren oder halten. Dann lassen Sie dazu das Bild eines Steines oder eines Eisbrockens vor Ihrem inneren Auge entstehen. Sie nehmen wahr, wie sich dieser Stein oder Eisbrocken anfühlt.

Dann sagen Sie sich:

»Diese Stelle, dieser Stein oder dieser Eisbrocken darf jetzt weich werden, darf sich verändern, darf auftauen, darf schmelzen.«

Sie sehen, wie sich der Stein oder das Eis verändert, und dabei spüren Sie, wie sich Ihre verfestigte Körperstelle in winzigsten Schritten verändert. Dann lassen Sie den Stein oder den Eisbrocken mehr und mehr auftauen, schmelzen, sich lösen, flüssig werden, so wie ein Stück Eis allmählich taut und wieder zu Wasser wird, Eiskristall für Eiskristall.

Und Sie spüren, wie die Trauer in Ihnen als Fließen, als Impuls zum Weinen aufsteigt. Vielleicht schlucken Sie jetzt. Atmen Sie mit offenem Mund und befördern mit dem Atmen die Trauer, das Weinen und die Tränen nach oben. Dann lassen Sie die Trauer vollends zu.

Vielleicht bleibt die Trauer noch an einer Stelle Ihres Körpers stehen oder stecken. Dann akzeptieren Sie dies, denn Ihre Trauer wird sich dann später ihren Weg nach außen suchen.

»Ich weine um dich und weine für dich«

Meine Trauer als Geschenk für den Verstorbenen

Wir leben unsere Trauer auch für den Verstorbenen. Meine Trauer ist so etwas wie ein Geschenk an den geliebten Menschen. Wie mit jedem Geschenk zeige ich, dass ich den Beschenkten liebe. Wie jedes Geschenk hat auch das Geschenk der Trauer seinen Preis. Der Preis für das Geschenk der Trauer ist der Schmerz in der Trauer.

Wer will schon so einen hohen Preis für ein Geschenk zahlen? Im Verlust haben wir keine andere Wahl. Wenn wir die Trauer bewusst für unseren verstorbenen Menschen leben, ist sie das größte Geschenk, das wir ihm geben können. Wir trauern nicht nur für uns, sondern auch für ihn. Damit wird die Trauer zu einem Gefühl, das eine ganze neue und sehr intensive Beziehung zu unserem geliebten Menschen herstellt.

IMAGINATION

Meine Tränenkristalle schenke ich dir

Nehmen Sie Kontakt zu Ihrer Trauer auf. Stellen Sie sich Ihre Tränen auf Ihren Wangen vor. Sie können jede einzelne Träne spüren. Lassen Sie nun das innere Bild von einer einzigen Träne entstehen.

Und nun sehen Sie, wie in diesem Tropfen das Salz allmählich kristalliert, wie es die Träne zu einem Kristall werden lässt, der anfangs noch sehr trübe ist. Je länger Sie zuschauen, umso deutlicher wird Ihre Träne zu einem Kristalltropfen. Dieser Kristall wird klarer und transparenter. Das Licht bricht sich in ihm, sodass er sogar ein wenig funkelt.

Sie spüren, wie wertvoll diese zu einem Kristall gewordene Träne ist. Und während Sie diesen Tränenkristall anschauen, verändert er sich unter Ihrem Blick. Er wandelt sich vielleicht zu einer Perle, vielleicht zu einem Edelstein, zu einem Diamanten oder dann wieder zurück in einen Tränenkristall. Lassen Sie die verschiedenen Wandlungen jetzt in Ihren inneren Bildern zu. Vielleicht finden Sie eine einzige Form für Ihre Tränen, vielleicht sind es verschiedene – sei es ein Kristall, eine Perle oder ein Diamant. Jede Träne hat sich zu einem wertvollen Symbol Ihrer Liebe zu Ihrem Angehörigen gewandelt.

Wenn Sie möchten, können Sie Ihrem geliebten Menschen sagen:

»Jede Träne ist ein Kristall und Diamant für dich. Jede Träne ist ein Zeichen meiner Liebe zu dir. Und ich schenke dir diesen Kristall und Diamanten der Liebe.«

»In meiner Trauer bin ich dir auf andere Weise nahe«

Die Trauer ist eine kreative Beziehungskraft

Ich weine *um* meinen geliebten Menschen, und so ist er mir in der Trauer nahe. Auch das ist ein wesentlicher Grund, warum das Weinen tröstlich ist. Das Weinen in der Trauer stiftet – es kann nicht oft genug betont werden – die innere Beziehung zum Verstorbenen.

Anders als in der bisherigen Trauerpsychologie dargestellt, ist die Trauer mehr als eine Abschieds- oder »Loslass«emotion. Natürlich muss ich in der Trauer schmerzlich erleben, dass der Verstorbene nicht mehr lebt, zugleich ist er in meiner Trauer anwesend, weil ich um ihn und um seine Person trauere. In meiner Trauer ist der Verstorbene da als der, den ich betrauere und dem ich in meiner Trauer meine Liebe erweise.

Meine Trauer trägt mich zu dir

Sagen Sie Ihrem geliebten Menschen die folgenden Sätze und spüren Sie, wie die Trauer Sie zu ihm trägt:

»Ich bin unendlich traurig, weil du nicht mehr da bist. Ich bin traurig, weil alles, was wir noch gemeinsam erleben wollten, nicht mehr möglich sein wird. Und ich trauere um dich, um dich, meinen geliebten Menschen. Du bist der Grund meiner Trauer, du, so wie du warst und für mich immer noch bist. Und ich stoße am Grund meiner scheinbar unendlich tiefen Trauer auf dich: Wenn ich in den See meiner Trauer hinabtauche, sehe ich am Grund dein Gesicht, deine Gestalt, deine Person.«

»Aus meiner Trauer berge ich die Liebe zu dir«

In den Trauergefühlen wohnt die Liebe

Immer wieder drohen die Trauergefühle uns zu überfluten. Uferlos, bodenlos scheinen die Trauergefühle zu sein. Die Heftigkeit und die Tiefe der Trauer verweisen aber auf den Schatz, der auf dem Grund aller Trauergefühle ruht: die Liebe zum Verstorbenen. Das Aufbrechen und Fließen der Gefühle tragen die Liebe an die Oberfläche.

Nicht der Abschied, sondern die Liebe ist der innerste Kern des Trauererlebens, nicht das Loslassen, sondern das Hervorbringen und Hervortretenlassen der Liebe ist das Ziel des Trauerprozesses. Gelingende Trauerarbeit besteht deshalb darin, der Liebe in der Trauer zu ihrer Geburt und zu Beständigkeit zu verhelfen. Trauerarbeit ist Geburtshilfe für die Liebe zum Verstorbenen.

In meiner Trauer liebe ich dich

Sagen Sie sich den folgenden einfachen Satz in den nächsten Tagen immer wieder. Machen Sie sich ihn immer wieder neu bewusst. Achten Sie darauf, wie sich dann Ihre Trauer verändert und Ihre Liebe zu Ihrem Verstorbenen deutlicher hervortritt:

»Weil ich dich liebe, trauere ich um dich, und wenn ich trauere, dann liebe ich dich.«

Nehmen Sie wahr, wie sich das Erleben Ihrer Trauer vertieft und wie Sie sich Ihrer Liebe zunehmend bewusst werden. Sie werden auch eine Erleichterung spüren, dass es nicht bei der Trauer bleiben muss, sondern dass sich diese in die Liebe hinein entwickeln kann.

»Wird meine Trauer um dich jemals enden?«

Trauer muss nicht gehen – sie wird sich verändern

Ein moderner Gedanke der Trauerliteratur legt uns nahe, dass wir nach dem Durchleben verschiedener Trauerphasen irgendwann die Trauer hinter uns lassen müssten. Das allein sei »gesunde« Trauer. Diese Sicht mag für natürliche Trauerfälle wie beim Tod der eigenen hochbetagten Eltern zutreffen.

Bei einem zu frühen, unzeitigen Tod eines geliebten Menschen aber ist dies in vielen Fällen anders. Hier bleibt die Trauer, weil wir immer wieder in bestimmten Situationen daran erinnert werden, dass der Verstorbene jetzt eigentlich dabei sein könnte. Dann steigt die Trauer zu Recht auf, weil der Angehörige jetzt in diesem Augenblick nicht da ist. Und so erleben viele Hinterbliebene auch noch nach zwanzig oder dreißig Jahren in solchen Situationen wieder ein Stück Trauer. Sie ist dann nicht mehr so heftig und bleibt auf diese Situation begrenzt, aber es ist und bleibt ein Gefühl der Trauer.

Es ist sehr entlastend, sich zu erlauben, dass die Trauer bleiben darf, und zwar so, wie sie es braucht und für richtig hält. Sie wird sich in jedem Fall auch auf ihre Weise verändern und wandeln, oft wird sie in den Hintergrund treten und dort für längere Zeit bleiben.

Meine Trauer darf bleiben und im Bleiben gehen
Suchen Sie die Trauer in sich auf. Reisen Sie mit Ihrer Aufmerksamkeit in die Körperregion, in der Ihre Trauer zu finden ist. Vielleicht ist Ihre Trauer aber auch unmittelbar an der Oberfläche, sodass schon ein Gedanke an sie reicht, um sie abzurufen.

Spüren Sie Ihre Trauer und nehmen Sie sie bewusst wahr. Dann sprechen Sie Ihre Trauer direkt an:

»Du, meine Trauer, gehörst zu mir. Du darfst bleiben, solange du willst. Und du darfst mich in Situationen, die für dich wichtig sind, daran erinnern, dass … (Name des Angehörigen) nicht dabei ist und dass das jetzt traurig ist.

Ich weiß, dass du dich allmählich verändern wirst und vielleicht zunehmend in den Hintergrund treten wirst. Vielleicht wirst du dich auch – was ich mir im Moment nicht vorstellen kann – von mir verabschieden. Auch das könnte ich dann zulassen, weil ich weiß, dass mein geliebter Mensch auch ohne dich in mir bleiben wird. Vielleicht hast du dann deine ganze Energie in meine Liebe zu … (Name des Angehörigen) eingebracht. Wie immer du dich in mir entwickeln wirst, ich danke dir für deine Arbeit in mir.«

Kapitel 5

Auch im Chaos der Gefühle finde ich meine Liebe zu dir

This love is unbreakable
Through fire and flame
When all this is over
Our love still remains
William Shakespeare

»Dein Tod bringt alles durcheinander in mir«

Das Gefühlschaos gehört zur Trauer

Alles bricht mit dem Tod eines geliebten Menschen zusammen und alles bricht in der Seele auf. Der Tod stellt in mir alles auf den Kopf, er wühlt mich und meine Seele auf. Alle Gefühle, die wir kennen, kommen nun zum Vorschein.

Und das ist alles ganz normal: die Ohnmacht, die Verzweiflung, die Angst, die Wut, Leeregefühle, das Gefühl des Verlassen- und Alleinseins, Schuldgefühle und noch andere Facetten unseres Gefühlslebens. Einige der wichtigsten und schwersten Gefühle werden wir in diesem Kapitel anschauen und lernen, auch in ihnen die Liebe zum Angehörigen zu entdecken.

Der eigentliche Grund für den Sturm und das Chaos unserer Gefühle liegt darin, dass unsere Liebe nicht ein noch aus weiß. Wie kann sie noch lieben, wenn der Geliebte nicht mehr da ist? Was ist die Liebe, wenn sie nicht mehr das kann, was ihr Wesen ausmacht, nämlich zu lieben? Das Schlimmste, was unserer Seele drohen kann, scheint real zu werden: der Liebesverlust. Angesichts dieser Drohung bricht das Chaos in unserer Seele aus, weil sie an einer zentralen Stelle bedroht ist. Nun melden sich alle Gefühle als Notsignal.

Das Chaos in mir beruhigen
Wenn Sie in den ersten Wochen und Monaten, aber auch später manchmal von verschiedensten Gefühlen überflutet werden oder in das Chaos Ihrer Gefühle gestürzt werden, ist es wichtig, diese Gefühle einerseits zuzulassen und ihnen andererseits mit folgenden Sätzen entgegenzutreten:

»In mir ist alles durcheinander. Viele Gefühle branden auf und kommen wellenartig über mich. Wie eine aufgewühlte See fühle ich mich. So ist es jetzt, und so ist es meinem Liebesschmerz angemessen. Ich weiß, dass ich diesen Gefühlen standhalten kann, weil sie sich auch wieder beruhigen werden, so wie der Sturm über dem Meer nachlässt. Ich kann den Sturm der Gefühle beruhigen und den Gefühlen sagen, dass es jetzt langsam genug ist. Und dann will ich nachspüren, wie sich in den Gefühlen die Liebe zu … (Name des Angehörigen) zeigt. Ich weiß, dass der Grund für mein Gefühlschaos meine verzweifelte Liebe ist. Und unter meinem Gefühlschaos werde ich die Liebe zu dir, … (Name des Angehörigen), finden.«

»Ohnmächtig stehe ich vor deinem Tod«

Die Ohnmacht der Liebe und die Wiederentdeckung ihrer Stärke

In der Situation des Todes können wir nichts mehr tun. Bei langen Krankheits- und Sterbeprozessen wurde von uns alles Menschenmögliche getan, und dennoch musste unser Angehöriger sterben. Bei einem plötzlichen, unzeitigen Tod konnten wir nicht eingreifen, entweder weil alles zu schnell ging oder wir in den letzten Lebensmomenten unseres geliebten Menschen nicht dabei sein konnten. Ohnmächtig stehen wir vor unserem verstorbenen geliebten Menschen. Mit unseren Händen können wir nichts mehr tun. Es gibt nur eine Möglichkeit: die Übermacht des Todes anzuerkennen.

Hier ist die Liebe in ihrem innersten Wesen berührt. Die Liebe ist schwach, und sie kann sich nicht wehren, weil ihr keine äußere Macht zur Verfügung steht, um den Tod des Geliebten rückgängig zu machen. Zugleich gehört es zum Wesen der Liebe, dass sie ohne Macht ist – jedenfalls was äußere Handlungs- und Machtmittel angeht.

Auf eine andere Weise aber ist die Liebe – wie es im biblischen Hohelied der Liebe heißt – »stark wie der Tod«. Dies zu glauben, ist angesichts der Ohnmachtsgefühle sehr schwer. Aber es ist die einzige Hoffnung, die in der Liebe selbst begründet ist.

Ohnmächtig ist meine Liebe. Und doch stark wie der Tod?
Machen Sie sich mit folgenden Worten Ihre Ohnmacht klar und spüren Sie, dass Ihre Liebe nicht mit Machtmitteln, sondern in einer anderen Weise stark wie der Tod werden kann:

»Nichts kann ich mehr tun. Ich muss die Übermacht des Todes anerkennen. Und deshalb stimmt mein Gefühl der Ohnmacht. Und während ich dieses Gefühl zulasse, erinnere ich mich an den Satz ›Die Liebe ist stark wie der Tod‹. Vielleicht kann ich diesen Satz noch nicht spüren, aber ich kann ihn als Hoffnung in mir stehen und wirken lassen. Und wenn ich diesen Satz ›Die Liebe ist stark wie der Tod‹ noch einmal spreche, spüre ich vielleicht in oder neben meiner Ohnmacht, dass meine Liebe, so ohnmächtig sie scheint, nicht aufhören wird zu lieben. Und während ich mir dies noch einmal klarmache, spüre ich, wie sich das Gefühl meiner Ohnmacht verändert.«

»Habe ich nicht etwas versäumt und falsch gemacht?«

Die Lösung der Schuldgefühle macht frei für die Liebe

Bei jedem Tod stellt sich die Frage, ob ich als Hinterbliebener in irgendeiner Weise etwas hätte verhindern können.

Eine Frau, deren fünfzigjähriger Mann im Urlaub in einer abgelegenen Gegend an Herzversagen starb, stellte sich immer wieder dieselben Fragen nach ihren Versäumnissen: Warum sind wir überhaupt dorthin gereist? Woanders wäre schneller ein Arzt zur Stelle gewesen, und mein Mann hätte vielleicht gerettet werden können. Warum hatte ich unser Handy bei diesem Ausflug vergessen? Je länger sie ihr Verhalten bedachte, desto bohrender wurden diese Fragen und Selbstvorwürfe.

Die Fragen nach unserer Beteiligung und möglichen Schuld lassen sich nicht vermeiden. Sie sind Ausdruck der Verantwortung, die wir für unseren Angehörigen übernommen haben. Verantwortung aber ist wiederum ein Zeichen unserer Liebe, die das Gute und Beste für den geliebten Menschen will.

Ähnlich wie bei den Warum-Fragen müssen wir auch hier alle Möglichkeiten durchdenken und durchleben und uns immer wieder fragen, ob und wie wir etwas hätten anders machen oder verhindern können.

Hätte ich es doch verhindern können?
Schreiben Sie als Einleitung »Hätte ich doch …« und vervollständigen Sie den Satz dann mit möglichen Versäumnissen, die Sie sich vorwerfen. Also zum Beispiel »… dich früher zum Arzt geschickt«, »… mich mehr um dich gekümmert« oder »… nicht zu früh aufgegeben, um dich zu kämpfen«. Vor jede neue Satzergänzung schreiben Sie die oben genannte Einleitungsformel.

Schreiben Sie alle Möglichkeiten auf, die Ihnen in den Sinn kommen, ohne dass Sie sich dabei unter Druck setzen. Schauen Sie, ob Sie am nächsten Tag Ihre Liste noch ergänzen wollen. Dann legen Sie die Liste beiseite und lassen sie einige Tage ruhen.

Meine Selbstvorwürfe weglegen
Nehmen Sie die erstellte Liste und lesen Sie sich diese laut vor. Sie werden beim Lesen merken, dass manche Selbstvorwürfe nicht mehr stimmen, andere aber noch gelten.

Nehmen Sie nun die Liste und zerreißen Sie sie. Dann beginnen Sie eine neue Liste mit »Hätte ich doch …«. Dabei nehmen Sie die Vorwürfe, die für Sie nicht mehr stimmen, nicht mehr in die Liste auf. Vorwürfe, die sich Ihnen beim Schreiben erneut aufdrängen, notieren Sie wieder auf der Liste. Manchmal kommen auch noch neue Vorwürfe dazu.

Am nächsten Tag lesen Sie sich die Liste wieder laut vor und zerreißen sie. Diesen Vorgang wiederholen Sie noch zweimal. Bei diesem Ritual werden Sie merken, dass sich immer mehr Vorwürfe lösen und Sie diese mit einem guten Gewissen weglegen können.

Sie können sich sagen: »Ich erlebe, dass viele Vorwürfe, die ich mir zuschreibe, nicht zutreffen. Deshalb kann ich sie gut zur Seite legen. Darüber bin ich froh, weil es mich frei macht für die Liebe zu dir.«

Manche Selbstvorwürfe werden allerdings immer wieder auf der Liste auftauchen und stehen bleiben. Diese Vorwürfe können einen tatsächlichen Schuldanteil von Ihnen benennen. Bei manchen dieser Vorwürfe lässt sich auch relativ objektiv sagen, dass ich hier versagt habe und mitschuldig geworden bin.

Wenn der Hinterbliebene nach allem Abwägen der Umstände und Möglichkeiten letztlich doch zu dem – immer vorläufig bleibenden – Ergebnis kommt, dass er tatsächlich mitschuldig am Tod seines geliebten Menschen ist, dann ist das sehr belastend. Der Betroffene kann sich lange Zeit die Schuld anlasten und sich damit quälen. Dies wäre verständlich, und doch verhindert es, dass die Liebe zum Verstorbenen in den Mittelpunkt rückt.

Eine weitaus produktivere Umgehensweise mit der eigenen Schuld ist es, zu ihr zu stehen. Dann kann ich sie als eigenen, aber auch begrenzten Schuldanteil annehmen und damit meinem verstorbenen Angehörigen gegenübertreten und ihn um Verzeihung bitten. Die Liebe zwischen uns eröffnet diese Möglichkeit. Zum Wesen der Liebe gehört das Verzeihen.

Ich stehe zu meinem Schuldanteil und bitte dich um Verzeihung

Sie können bei der Bitte um Verzeihung ans Grab gehen oder in Ihrer Vorstellung vor Ihren Angehörigen treten. Tun Sie das aufrecht und mit Würde. Schauen Sie ihn offen an und sagen Sie ihm:

»Ja, hier bin ich mitschuldig geworden an deinem Tod. Das ist schlimm für mich, und doch ist es so. Ich habe es nicht gewollt und doch ist es meine Schuld. Das ist so, und deshalb übernehme ich diesen Teil.

Zugleich bitte ich dich um Verzeihung. Verzeihe mir meine Schuld, rechne sie mir gegenüber nicht an und lasse sie los. Ich erbitte dies aus Liebe.«

Lassen Sie die Bitte um Verzeihung wirken. Sie werden erleben, dass Ihr geliebter Mensch Ihnen verzeihen wird, weil er in der Liebe mit Ihnen verbunden ist. Sie werden dies nicht als ein schnelles oder »billiges« Entschuldigtwerden, sondern als einen intensiven inneren Prozess zwischen Ihnen und Ihrem geliebten Menschen erfahren.

Sie werden zu gegebener Zeit intuitiv spüren, dass es zwischen Ihnen und Ihrem geliebten Menschen nun stimmt und leicht wird. Vielleicht spüren Sie das am Grab, bei einem Spaziergang oder in einer anderen Situation, in der Sie Ihrem geliebten Menschen innerlich nahe sind. Diese Erfahrung wird Ihnen helfen, dass Sie auch sich selbst verzeihen können und Sie frei werden für die innere Beziehung zu Ihrem geliebten Menschen.

Es gibt immer wieder einzelne Fälle, in denen der Versöhnungsprozess nicht gelingt. Dann kann dieser Prozess auch einmal für längere Zeit ruhen, sodass sich im Unbewussten des Hinterbliebenen langsam etwas lösen kann. Zugleich aber ist die Blockade im Versöhnungsprozess ein wichtiger Hinweis, psychotherapeutische Unterstützung in Anspruch zu nehmen. Bei einem Verlust durch Suizid empfiehlt sich in jedem Fall dringend eine Psychotherapie.

»Ich fühle mich schuldig, weil ich lebe und du sterben musstest«

Auch die Überlebensschuld ist Zeichen meiner Liebe

Warum musste der geliebte Mensch sterben, warum er und nicht ich? Das ist ein Gedanke, der in vielen Hinterbliebenen aufsteigt, insbesondere dann, wenn sie deutlich älter sind als der Verstorbene. Allein die Tatsache, dass ich lebe und der geliebte Mensch nicht mehr leben darf, beschwert mich.

Die Überlebensschuld, die nach dem Tod eines geliebten Menschen ganz normal ist, zeigt, dass ich mich an die Stelle des anderen setzen und aus Liebe das Opfer des eigenen Lebens erbringen möchte. Wir können die in der Überlebensschuld gebundene Liebe freisetzen, wenn wir verstehen und aussprechen, was die Überlebensschuld begründet und motiviert.

Ich lebe, obwohl du nicht mehr leben darfst
Legen Sie Ihrem geliebten Menschen Ihre Überlebensschuld vor. Sie können dies auch in einem Brief schreiben:

»Es ist nicht recht, dass du sterben musstest und ich noch leben darf. Manchmal fühle ich mich dafür in deiner Schuld. Meine Liebe will, dass du lebst. Und doch soll dein Weg ein anderer sein. Ich kann mich nicht an deine Stelle setzen, sondern muss in meinem Leben bleiben. Ich weiß, dass du mir mein Leben gönnst, und deshalb nehme ich es ganz bewusst wieder an, lebe noch eine Weile, und dann komme ich auch.«

(*nach Bert Hellinger, Ordnungen der Liebe*)

»Ich bin so wütend, dass dir das angetan wurde«

Die Wut ist Ausdruck der leidenschaftlichen Liebe

Der Tod fügt meinem geliebten Menschen und mir etwas ungeheuer Schlimmes zu, das wir beide nicht wollten und ich immer noch nicht will. Der Tod ist ein zerstörerischer Angriff gegen den geliebten Menschen und mich, gegen unser bisheriges Leben und gegen das, was wir uns miteinander in einer gemeinsamen Zukunft vorgestellt, erträumt und geplant hatten.

Im Verlust und im Schmerz darüber entgeht uns meist die Tatsache, dass hier auch eine Aggression gegen uns ausgeübt wird. Das Erleben des Verlustes ist zunächst so stark und überwältigend, dass wir gar nicht auf den Gedanken kommen, uns dagegen zu wehren und wütend zu werden.

Viele sagen auch, dass das doch nichts brächte, ist doch der Verlust des geliebten Menschen auch durch ein Wüten nicht mehr rückgängig zu machen. Natürlich sollte niemand – wie es von vielen Trauerbegleitern nahegelegt wird – zur Wut gedrängt werden. Dennoch liegt in ihr die Chance, durch sie wieder eigene seelische Energie und Kraft zu spüren. Wenn wir die Wut und den Zorn als Empörung der Liebe verstehen, werden wir auch in der Wut die Liebe finden. Als kreative, schöpferische Kraft widersetzt sich die Liebe der Zerstörung durch den Tod.

Wütend werde ich über das, was mir angetan wurde
Es ist anfangs schwer, in der Trauer die eigene Wut zu spüren und sie zuzulassen. Lassen Sie sich deshalb Zeit. Sie können sich aber vorstellen, dass etwas für Sie sehr Wichtiges zerstört wurde. Es ist so, als sei jemand in Ihren Garten eingedrungen und hätte dort Ihre schönste, von Ihnen so geliebte Pflanze mit ihren prächtigen Blüten zerstört. Wenn Sie einen Moment bei diesem Gedanken verweilen, werden Sie zunächst Entsetzen, aber dann auch Empörung spüren. Wie kann jemand so etwas tun? Sie möchten den Täter zur Rechenschaft ziehen. Sie möchten ihm Ihre Meinung sagen und ihm sagen, dass er damit alles zerstört hat, in das Sie Ihre Liebe hineingegeben haben.

Aus diesem Bild heraus können Sie folgende Sätze gegenüber dem Tod formulieren und dabei spüren, wie Empörung und erste Anzeichen von Wut entstehen:

»Mir wurde mein Liebstes genommen. Das ist nicht in Ordnung! Das ist nicht gerecht! Warum trifft es gerade mich und meinen geliebten Menschen? Warum zerstört der Tod einfach alles? Nein, das ist nicht gerecht, das macht mich wütend. Wie kommt der Tod oder das Schicksal oder wer auch immer darauf, so etwas zu tun? Ich bin wütend über diese Zerstörung, über diese Aggression, über diese Sinnlosigkeit. Was soll das? Dieser gemeine, ekelhafte, hinterhältige, sinnlose Tod. Ich bin zornig auf ihn. Ich will, dass mein geliebter Mensch leben darf! Ich will weiter lieben dürfen! Warum soll das nicht mehr möglich sein?«

Versuchen Sie, diese Sätze stärker zu betonen und heftiger zu sagen. Allmählich werden Sie Ihre eigenen Worte finden und es wird Ihnen gelingen, auf den Tod wirklich wütend zu werden.

Andere werden zornig auf das Schicksal oder auf Gott, weil er ihnen dieses Unglück zumutet. Auch das ist in Ordnung. Auch Hiob hat mit Gott gehadert, ihn beschimpft und ihn angegriffen.

Ich nutze die Kraft meiner Wut
Lassen Sie sich immer wieder auf die Wut über den Tod Ihres geliebten Menschen ein und lassen Sie sich von ihr energetisieren und mobilisieren, indem Sie sich energisch und entschieden sagen:

»Ich lasse mich nicht unterkriegen. Ich will dem Tod standhalten, aufrecht und mit Würde. Und ich will und werde weiter lieben, und ich bin mir sicher, dass meine Liebe neue Wege des Liebens findet. Es darf nicht sein, dass der Tod auch noch meine Liebe zerstört. Ich weiß und spüre in meiner Wut eine Kraft, die die Liebe stark wie der Tod sein lässt.«

Wenn wir die Wut zulassen, spüren wir auch den Trotz, in dem die Kraft des Widerstandes steckt. Der Trotz ist wichtig für die Persönlichkeitsentwicklung eines Kindes, nicht minder wichtig ist er jetzt, damit wir angesichts des Verlustes wieder unsere Persönlichkeit spüren und neu entdecken. Der wütende Trotz aber gibt uns die Kraft, darauf zu beharren, dass die Liebe eine neue, andere Liebesbeziehung zum Verstorbenen finden wird.

Wenn wir unsere Wut so formulieren und einsetzen, ist die Gefahr gering, dass wir uns in unsere Wut verbeißen und in einem nicht endenden Streit und Hadern mit der eigenen Situation, mit dem Schicksal oder mit Gott stecken bleiben. Dies würde in eine Verbitterung führen, die das eigene Leben, aber auch die Liebe zum Verstorbenen zerstören würde.

Immer wieder wird in Trauerbegleitungen und in Psychotherapien gefordert, dass der Hinterbliebene auf den Verstorbenen wütend sein soll. Dahinter steht die Idee, dass mit der Wut auf den Verstorbenen der Abschied von ihm erleichtert werden soll. In der Wut soll der Trauernde Distanz zum Verstorbenen finden. Er soll ihn in seiner Wut von sich wegstoßen. Viele Betroffene wehren sich gegen solch ein Ansinnen oder können beim besten Willen keine Wut gegenüber ihrem Verstorbenen empfinden. Wenn dem so ist, dann sollte dies auch respektiert werden!

Andererseits geben häufig die Umstände des Sterbens tatsächlich Anlass, auf den geliebten Menschen wütend zu sein. So war der sechzigjährige Ehepartner sehr nachlässig mit seiner Gesundheit umgegangen. Die Bitten seiner Ehefrau, wegen seiner Herzbeschwerden endlich den Arzt aufzusuchen, hatte er ignoriert. Hier ist es verständlich, dass die Ehefrau nach seinem plötzlichen Herztod immer wieder vorwurfsvoll fragt: »Warum hat er nicht auf mich gehört?« In dieser Frage steckt natürlich auch Ärger und Wut, die es gilt, sich bewusst zu machen, damit der Vorwurf eine neue, innere Beziehung zum Ehepartner nicht dauerhaft verhindert.

Der eigentliche Kern der Wut auf den Verstorbenen ist auch hier die Liebe: Der geliebte Mensch war nicht achtsam genug und hat damit die gemeinsame Liebe gefährdet. Wie kann er dies nur zulassen! Aber trotz allem, trotz meines Zorns bleibt er natürlich mein geliebter Mensch, und ich liebe ihn weiterhin. Meine Liebe ist so stark, dass der Zorn und die Wut milde werden.

Wütend bin ich auf dich, weil du dein Leben riskiert hast

Überlegen Sie, ohne Ihren Angehörigen dabei zu sehr in Schutz zu nehmen, wie er sich im Zusammenhang mit seinem Tod unachtsam, nachlässig oder riskant verhalten hat. Dann sagen Sie ihm das energisch und deutlich:

»Es war nicht in Ordnung, dass du dich so unachtsam oder riskant verhalten hast. Ich bin wütend, dass du dich so gefährdet hast. Und ich bin zu Recht wütend auf dich. Vielleicht – letztlich wissen wir das nicht –, vielleicht würdest du sonst noch leben. Jetzt musst du aushalten, dass ich wütend bin! Wenigstens eine gewisse Zeit lang, denn letztendlich wird meine Liebe über meine Wut siegen.«

Manchmal erleben Hinterbliebene auch eine unerklärliche Wut darüber, dass ihnen der Verstorbene den ganzen Schmerz, die Trauer und das Alleinsein zumutet und er sie damit allein zurücklässt. Auch wenn die Trauernden wissen, dass dieser wütende Vorwurf absurd ist, ist die Wut als solche sehr verständlich und wird auf den »Nächstbesten«, also auf den Verstorbenen gerichtet. Es ist erleichternd und klärend, dies gegenüber dem Verstorbenen auszudrücken.

Ich bin wütend, weil ich mit dem Schmerz allein zurückgelassen bin

Wenn Sie manchmal über den ganzen Schmerz, die Trauer und das Alleinsein wütend sind, dann lassen Sie es zu. Dann genügt es, die Wut ohne konkreten Adressaten auszudrücken. Prüfen Sie aber, ob Sie dabei auch wütend auf Ihren verstorbenen Angehörigen sind. Dann sagen Sie es ihm direkt:

»Ich weiß zwar, dass du nichts dazukannst, dennoch bin ich auf dich wütend, dass ich nun allein mit dem Schmerz und der Trauer dastehe. Ich sage dir die Wut, ja ich richte sie gegen dich, weil ich zurzeit keinen anderen Empfänger weiß. Ich bin mir sicher, dass du die Wut aushältst. Und ich bin mir sicher, dass meine Liebe die Wut zu gegebener Zeit zurücknimmt, jetzt aber bin ich einfach nur wütend auf dich.«

»Du fehlst mir so sehr und hinterlässt eine große Leere in mir«

Die Leere aushalten und die Liebe in sie hineinwachsen lassen

Der Verstorbene ist nicht mehr da und hinterlässt eine große Leere. Der geliebte Mensch ist von mir weggegangen, ich fühle mich verlassen. Er fehlt mir, er wird mir immer fehlen.

Am Beginn des Trauerweges beherrscht mich die Leere ganz und gar. Alle Versuche, sie zu überdecken oder mit Aktivitäten auszufüllen, werden allenfalls vorübergehend die Wucht der Leere abmildern. Die Massivität und Größe der Leere spiegelt dem Trauernden, wie groß der Verlust ist, wie wichtig der geliebte Mensch eigentlich war. Wenn wir die Leere bewusst zulassen, würdigen wir im Erfahren der Leere die Bedeutung des geliebten Menschen. So kann in die Leere – ganz langsam und unbemerkt – die Liebe hineinwachsen und eine innere Beziehung zum Angehörigen entstehen. Das ersetzt nicht das reale Leben mit dem geliebten Menschen, aber es ist der neue Weg, den die Liebe in der Leere sucht und findet.

Ich versuche die Leere auszuhalten

Immer wieder wird es Zeiten der Leere geben. Sie können Ihre leeren Hände anschauen und sich klarmachen, dass Sie den geliebten Menschen nicht mehr umarmen werden. Nehmen Sie bewusst Ihre leere Wohnung wahr und machen Sie sich klar, dass der geliebte Mensch Ihnen hier nicht mehr begegnen wird. Sagen Sie sich und Ihrem Angehörigen:

»Ohne dich ist es leer hier. Das ist schlimm und traurig – und doch ist es so. Wenn ich die Leere jetzt zulasse, spüre ich, wie wichtig du für mich bist. Ich wünsche und hoffe, dass in diese Leere meine Liebe zu dir hineinwächst und wir uns immer wieder innerlich nahe sein werden.«

Selbst im Gefühl der Leere, so schmerzlich und traurig sie ist, gibt es die Chance, die Liebe zum Verstorbenen zu entdecken und zu leben. Und so erweist sich das Chaos der Gefühle im Trauerprozess als die – schwer anzunehmende, aber doch einzige – Chance, die Liebe in den Eruptionen der Gefühle herauszukristallisieren und allmählich als wertvollen Kristall in uns wachsen zu lassen.

Kapitel 6

Und noch nie liebte ich dich so sehr

Und seit jeher war es so,
dass Liebe erst in der Stunde der Trennung
ihre eigene Tiefe erkennt.
Khalil Gibran

»Was in mir brennt, ist die Liebe«

Die Liebe ist das zentrale Grundgefühl in der Trauer

Die Liebe meldet sich in der Verlustsituation auch ganz eigenständig. Manchmal ist dies verwirrend. Wir wissen nicht recht, ob es noch Nachwehen des Schmerzes sind, weil die Liebe ein Gefühl ist, das wir mitten in der Trauer gar nicht erwartet hätten.

Die überwältigende Macht des Schmerzes und der Trauer deckt oft auch die Liebe zu, insbesondere dann, wenn Betroffene in ihrer Trauer gelähmt und in ihrer Lebendigkeit gebrochen sind. Die Liebe hat es dann schwer, sich in der Trauer durchzusetzen und präsent zu bleiben.

Deshalb ist es wichtig, gleich zu Beginn des Trauerweges nach der Liebe zum Verstorbenen zu suchen, ihre Zeichen wahrzunehmen und sie in unserer Seele wachzuhalten.

Meine Liebe wachrufen
Ich möchte Sie bitten, sich Ihrer Liebe zu Ihrem Verstorbenen zu erinnern:

Wie habe ich diesen für mich so unendlich wichtigen Menschen geliebt? Wie habe ich ihm meine Liebe gezeigt, wie hat er sie mir gezeigt? Wie habe ich meine Liebe gespürt?

Und während Sie sich diese Fragen beantworten, tauchen Bilder unserer Liebe auf. Welche Formen, Zeichen, Gesten der Liebe gab es zwischen uns? Wie haben wir gemeinsam unsere Liebe gelebt? Wie habe ich meine Liebe erlebt? Was hat mein geliebter Mensch über seine Liebe zu mir erzählt, wie hat er seine Liebe ausgedrückt? Und während Sie Antworten auf diese Fragen suchen, spüren Sie in sich hinein und achten auf Zeichen Ihrer Liebe.

IMAGINATION

Ein Bild meiner Liebe zu dir

Wenn nicht sofort Gefühle der Liebe, der Verbindung, der Zuneigung und Zärtlichkeit auftauchen, gibt es andere Zugangswege zu unserer Liebe. Sie können sich und Ihre Seele fragen, welches Bild oder Symbol Ihnen für Ihre Liebe zum Verstorbenen einfällt. Vielleicht hatten Sie zu Lebzeiten Ihres geliebten Menschen schon ein gemeinsames Bild oder Symbol Ihrer Liebe, vielleicht war es ein Ring, eine Blume oder eine bestimmte Landschaft. Dann lassen Sie dieses Bild oder Symbol in Ihrer Vorstellung entstehen. Oder Sie lassen in Ihrer Seele ein neues Bild, einen neuen Gedanken oder ein neues Wort aufsteigen, in dem Ihre Liebe jetzt in eine Gestalt gefasst ist.

Vielleicht können Sie Ihre Liebe noch nicht spüren, aber Sie wissen, ahnen und überlegen, welches Bild oder Symbol zu Ihnen und Ihrem Verstorbenen passt. Vielleicht sehen Sie in dem Bild oder Symbol das Bild von Ihrem Angehörigen, vielleicht ahnen Sie, dass in dem Bild und Symbol Ihre Liebe bewahrt ist. Vielleicht steigt die Liebe in Ihnen auf, wenn Sie sich intensiver auf das Bild und Symbol Ihrer Liebe einlassen.

»Und es ist gut, dass ich dich gerade jetzt so sehr liebe«

Die Liebe in der Trauer »unverschämt« annehmen!

Viele Trauernde reden nicht darüber, dass sie jetzt im Verlust ihre Liebe so intensiv spüren, vielleicht deutlicher und reiner als je zuvor.

Wie passt dies zu der anderen, ganz normalen Erfahrung, dass die Zuneigung zum Angehörigen im Alltag oft in den Hintergrund getreten war? Manchmal war die Liebe durch mehr oder weniger schwere Konflikte getrübt, manchmal war die Liebe auch regelrecht unterbrochen.

Und jetzt, wo mein geliebter Mensch tot ist, jetzt sind die ganzen Liebesgefühle wieder da. Müsste ich mich nicht schämen, dass ich erst jetzt angesichts seines Todes so intensiv liebe? Auch für Außenstehende ist das verwirrend. Warum redet die Witwe plötzlich liebevoll von ihrem verstorbenen Partner, nachdem sie jahrelang unter ihm gelitten hat, manchmal still oder laut über ihn klagte?

Doch der Verlust zeigt mir erst jetzt in äußerster Deutlichkeit, wie wichtig mir mein geliebter Mensch ist. Erst die reale Abwesenheit meines geliebten Menschen macht mir bewusst, wie tief die Verbundenheit der Liebe ist. Warum sollte ich das nicht einfach zulassen und annehmen?

Ich erlaube mir meine Liebe

Sagen Sie sich immer wieder drei Erlaubnissätze für Ihre Liebe:

»Ich darf meine Liebe jetzt spüren, das ist in Ordnung so.«

»Meine Liebe darf jetzt so stark sein wie nie, weil ich sie angesichts deines Todes so sehr brauche.«

»Ich darf meine Liebe jetzt mir, dir und anderen zeigen.«

»Ich spüre keine Liebe zu dir«

Andere Gefühle können die Liebe verdecken

Natürlich erleben Trauernde auch, dass sie nichts und damit auch keine Liebesgefühle für den Angehörigen spüren. Häufig stehen andere Gefühle wie Schmerz, Trauer und Leere im Vordergrund. Wenn in der Beziehung zum Verstorbenen vieles ungeklärt, schwierig und konfliktreich war, ist auch der Zugang zu ihm gestört oder versperrt. Dann müssen zunächst diese blockierenden Störungen bearbeitet werden (vgl. dazu Kapitel 10). Scheidet ein Angehöriger durch Suizid aus dem Leben, müssen die Hinterbliebenen zunächst die ungeklärten Fragen, das Entsetzen, die Schuld- und Wutgefühle und viele andere sehr massive Gefühle aufarbeiten. Meist können dann erst nach langer Zeit wieder Gefühle von Verständnis und vorsichtiger Liebe entstehen. Bei einem Verlust durch Suizid ist psychotherapeutische Hilfe dringend anzuraten.

Auch wenn ich jetzt nicht lieben kann, ist das in Ordnung
Wenn Sie zurzeit keinen Zugang zu Ihrer Liebe haben, hat auch das seinen berechtigten Grund. Deshalb können Sie sich auch das erlauben:

»Ich spüre im Augenblick keine Liebe. Das ist in Ordnung, weil ich vielleicht gerade nur Leere, Trauer oder Schmerz erleben kann.«

»Wenn ich zurzeit keine Liebe zu dir spüre, dann lasse ich das so, weil ich weiß, dass sie sich zu ihrer Zeit zeigen wird.«

»Wenn ich zurzeit keine Liebe zu dir spüre, dann ist das vermutlich ein Hinweis darauf, dass ich mit dir zuerst noch andere Dinge klären muss.«

»Wenn ich dein Bild sehe, spüre ich meine Liebe«

Die Bilder des geliebten Menschen spiegeln die Liebe in uns

Fast alle Trauernden suchen nach dem Tod des geliebten Menschen nach Fotografien, besonders nach solchen, die sie noch nicht kennen. Wir tun dies nicht nur, um den geliebten Menschen wenigstens im Bild festzuhalten, sondern auch, um im Blick auf ein Foto von ihm unsere Liebe zu spüren.

In Mozarts Zauberflöte ist dies zeitlos dargestellt: Tamino verliebt sich schon in das Bildnis seiner zukünftigen Geliebten, der er noch nicht begegnet ist. Bereits das Bild weckt die Liebe in ihm. Wir wissen nicht, warum Tamino sich schon in das abgebildete Gesicht verliebt. Sind es die Augen, mit denen er Kontakt aufnimmt, ist es der Mund, der die Lust der Liebe verheißt? Jedenfalls erscheint Tamino das abgebildete Gesicht als lebendiges Gegenüber, das in ihm die Liebe weckt.

Deshalb können Fotografien, auf denen wir die Gesichtszüge oder die Gestalt des geliebten Menschen sehen, in uns die Liebe wachrufen. Auf dem realen und im inneren Bild kommt uns der geliebte Mensch nahe und rührt uns so tief an, dass es auch die in der Trauer verschüttete Liebe weckt.

Liebevoll betrachte ich dich – und Liebe kommt mir entgegen
Nehmen Sie eine Fotografie Ihres Angehörigen in die Hände. Halten Sie sie ganz bewusst. Dieses Bild ist so wertvoll, weil Sie Ihren geliebten Menschen sehen mit allem, was er für Sie war und noch immer ist. In diesem Bild begegnen Sie ihm, und je länger Sie sich auf sein Bild einlassen, ihm nachspüren und bei ihm verweilen, umso lebendiger wird Ihr Angehöriger.

Und während Sie Ihren Angehörigen anblicken, spüren Sie in sich hinein, spüren, wie sich Ihre Gefühle regen, wie neben der

Trauer auch noch etwas anderes da ist. Vielleicht spüren Sie, wie Ihr Herz intensiver schlägt oder wie Ihr Atem langsamer geht, wie Wärme in Ihre Bauchgegend fließt – und das weckt in Ihnen Gefühle der Liebe, der Zärtlichkeit, der liebevollen Nähe, so wie Sie sie immer wieder mit Ihrem Angehörigen erlebt haben. Während Sie dem nachgehen und zugleich auf das Bild blicken, werden Ihre liebevollen Gefühle stärker und intensiver. Sie merken, wie sie Sie zunehmend durchfließen und als Liebe in Ihnen ganz da sind.

Sie halten diese Gefühle jetzt in sich, bewahren sie für einige Minuten, so als könnten Sie sie festhalten, obwohl Sie wissen, dass Sie sich jetzt wieder von Ihrem Angehörigen und seinem Bild verabschieden müssen und Ihre Trauer wieder stärker wird. Aber vielleicht sind Sie froh, Ihre Liebe so intensiv gespürt zu haben.

IMAGINATION

In deinen Augen sehe ich unsere Liebe

Nehmen Sie ein großes Foto oder aber Ihre eigene Erinnerung und blicken Sie in die Augen Ihres geliebten Menschen. Beschreiben Sie seine Augen. Sind es offene, warme, leuchtende Augen? Welche Augenfarbe hat Ihr geliebter Mensch? Wie groß sind die Pupillen, wie groß ist das Weiß in diesen Augen? Lassen Sie sich auf die Augen Ihres geliebten Menschen ein und spüren Sie, wie Sie ihm bei der Betrachtung nahe kommen, wie Gefühle der Nähe und der Berührung in Ihnen aufsteigen. Spüren Sie, wie die Liebe Ihres Angehörigen Ihnen entgegenkommt.

Schauen Sie ihm liebevoll in die Augen, legen Sie Ihre Liebe in Ihren Blick.

Nach einer Weile verabschieden Sie sich von Ihrem Angehörigen mit Ihren Augen, mit einem Wimpernschlag und einem leichten Kopfnicken. Das wird auch traurig sein, weil Sie nicht mehr in die lebendigen Augen Ihres Angehörigen blicken können, aber Sie können die Liebe, die in diesen »Augen-Blicken« entstanden ist, in ihr Herz wandern lassen und in sich bewahren.

»Wenn ich deinen Namen höre, spüre ich meine Liebe«

Der Name als akustische Liebesbotschaft

Auch der Name des Verstorbenen stellt für die Hinterbliebenen eine starke Brücke zum Verstorbenen dar. Im Namen des anderen sind unsere Liebeserfahrungen aufgehoben. Wir haben den geliebten Menschen liebevoll bei seinem Namen genannt, seinen Namen geflüstert, vielleicht gesungen. Deshalb ist dieser Name mit Liebeserfahrung aufgeladen. Im Verlust wird der Name zum Schlüssel, der uns den Zugang zu unserer Liebe wieder oder immer wieder neu öffnen kann.

Dein Name ruft die Liebe wach
Sagen Sie immer wieder laut und leise den Namen Ihres geliebten Menschen. Erproben Sie verschiedenste Betonungen, verschiedenste Arten des Aussprechens. Sagen Sie den Namen voller Trauer, mit großem Nachdruck, bittend, flehend und in anderen für Sie stimmigen Ausdrucksweisen.

Legen Sie in das Aussprechen Ihre ganze Liebe und spüren Sie umgekehrt, wie mit jedem Aussprechen in Ihnen Ihre Liebe wachgerufen wird.

Nehmen Sie ein großes Blatt und schreiben Sie den Namen Ihres Angehörigen in ganz unterschiedlicher Weise, groß, klein, mit dichtgedrängten oder auseinandergezogenen Buchstaben, in Druckbuchstaben oder in lateinischer Schrift oder malen Sie seinen Namen. Legen Sie beim Schreiben Ihre ganzen Gefühle hinein.

Denken Sie an Situationen, in denen Sie den Namen Ihres geliebten Menschen gesagt, gerufen oder geflüstert haben, und lassen Sie mit seinem Namen Ihre Liebesgefühle aufsteigen.

»Meine Liebe ist stärker, als ich wusste«

Liebe als eine Kraft, die alles überwindet

Die Liebe ist eine innerseelische Energie, die wir brauchen, um die Verbindung zu einem Menschen herzustellen und zu gestalten. Der unbedingte Wille der Liebe ist es, die Nähe über alle Hindernisse, über alle Gräben und über alles Trennende hinweg zu leben. Dieser Wille der Liebe zeigt sich in unserer Seele gerade auch im Verlust. Unbändig, ja rücksichtslos will die Liebe die Beziehung auch über die Grenze des Todes hinaus.

Deshalb endet die Liebe als Energie nicht mit dem Tod des geliebten Menschen. Sie fließt weiter in seine Richtung. Sie bleibt mit ihrer ganzen Kraft weiterhin auf den geliebten Mensch gerichtet. Und sie will und wird ihn erreichen. Daran lässt sich die Liebe nicht hindern, auch nicht vom Tod. Wir können diese kraftvolle Bewegung der Liebe zum Angehörigen aufnehmen, mit ihr gehen und uns zu ihm tragen lassen.

IMAGINATION

Meine Liebe leuchtet dir über den Abgrund des Todes

Ich möchte Sie bitten, die Spur Ihrer Liebe zu Ihrem geliebten Menschen aufzunehmen und sie in sich wahrzunehmen. Lassen Sie sie in sich als Wärmestrom oder als Licht fließen. Das kann ein dunkles, warmes oder ein helles, strahlendes Licht sein. Dann lassen Sie in Ihrer Vorstellung den Wärme- und Lichtstrom aus sich heraustreten und herausfließen. Stellen Sie sich vor, dass er weiterfließt, weiterleuchtet, so wie ein Lichtstrahl einfach nur leuchtet, weiter ins Unendliche, einfach nur weiterleuchtet. Der Lichtstrahl oder Wärmestrom, der von Ihnen ausgeht, leuchtet über Abgründe, über Tiefen, über dunkle Täler – und fließt und strömt Ihrem geliebten Menschen zu. Die Energie Ihres Licht- oder Wärmestromes erreicht Ihren geliebten Menschen. Sie spüren, dass eine innere Verbindung entsteht, und sind erleichtert, dass der Lichtstrom alle Abgründe überwindet.

»Mit meinem ganzen Herzen, mit meinem ganzen Körper liebe ich dich«

Auch die Liebe zum Verstorbenen ist eine körperliche Erfahrung

Unsere Liebe realisiert und zeigt sich im Körper. Wir kennen das Kribbeln im Bauch beim Verliebtsein. Wir haben erlebt, wie uns die Macht der Liebe in unserem ganzen Körper überwältigt hat, wie unsere Liebesgefühle unseren Körper elektrisiert und energetisiert haben. Jeder weiß, welches die besonderen Körperregionen der eigenen Liebesgefühle sind.

Im Verlust haben wir oft keinen Zugang mehr zu diesen Körperorten unserer Liebe. Insbesondere die fröhlichen, überschwänglichen Liebesgefühle sind jetzt verschüttet und manchmal abgestorben.

Deshalb ist es wichtig, an die tiefsten Schichten unserer Liebe zum Verstorbenen zu gelangen. Diese Basis unserer Liebe ist in unserem Körper gespeichert und verankert. Im Verlust sind unsere tiefsten Liebesgefühle dort zu finden, wo unser Körper schmerzt. Hier sind wir körperlich in unserer Liebe verwundet, und hier ist unsere Liebe zu finden. Der körperlich-seelische Schmerz des Verlustes ist der Liebesschmerz, der uns den Weg zu den tiefsten Schichten unserer Liebe weist.

Wo es schmerzt, finde ich meine Liebe zu dir

Wenn Sie an den Verlust Ihres geliebten Menschen denken, dann spüren Sie in Ihrem Körper den Schmerz. Gehen Sie mit Ihrer Aufmerksamkeit in diese Körpergegend. Das mag das Herz sein, das schmerzt, das sticht oder eng ist. Das mag die Brustgegend sein, die wie abgeschnürt und verkrampft ist. Das mag die Bauchgegend sein, in der der Schmerz wie ein schwerer Stein liegt. Lassen Sie den Schmerz in dieser Körpergegend zu und sagen Sie sich:

»Ich fühle, wie es mich jetzt hier schmerzt. Hier bin ich in meiner Liebe getroffen. Und hier spüre ich auch meine Liebe.«

Während Sie Ihrem Schmerz nachgehen, spüren Sie, wie er sich wandelt, wie sich die Liebe genau an dieser Körperstelle durchsetzt. Sie werden sich erinnern, wie Sie hier Ihre Liebe zu Ihrem Angehörigen gespürt haben, vielleicht als ein zärtliches Berührtsein, vielleicht als ein warmes Fließen, vielleicht als ein leichtes Hüpfen. Lassen Sie diese Gefühle mehr und mehr zu und sagen Sie Ihrem geliebten Menschen: »Ich liebe dich mit meinem Herzen« oder: »Meine Liebe strömt in meinem Körperzentrum wie ein warmer Fluss« oder: »Meine Brust ist erfüllt von atmender Liebe zu dir«.

Manchmal brauchen wir den Umweg über den körperlichen Schmerz nicht, um in unserem Körper die Liebesgefühle wiederzufinden. Es genügt, dass wir unseren Leib genau wahrnehmen, in alle Regionen des Körpers hineinspüren und dort verweilen, wo uns die Liebe zu unserem geliebten Menschen entgegenkommt.

Wo ich in meinem Körper die Liebe spüre

Erinnern Sie sich, an welcher Stelle Ihres Körpers Sie Ihre Liebe für Ihren geliebten Menschen empfunden haben. War es die Wärme im Herzen, war es das Ziehen im Brustkorb, das Kribbeln in der Bauchgegend oder vielleicht der ganze Körper? Erinnern Sie sich an intensive Näheerfahrungen und an die damit verbundenen Körpergefühle. Alle Gefühle sind hier in Ordnung. Dann gehen Sie mit Ihrer Aufmerksamkeit in die Körperregion, in der Sie früher die Liebe zu Ihrem Angehörigen spürten. Konzentrieren Sie Ihre ganze Aufmerksamkeit in diesem Körperort, und lassen Sie Ihre Körpergefühle stärker werden.

Wenn Sie möchten, können Sie Ihre Hand auf diese Körperstelle legen, sodass Sie diese Stelle auch von außen deutlich wahrnehmen. Die sanfte Schwere und die Wärme Ihrer Hand kann Ihre Gefühle verstärken. Sie spüren Ihre Liebe an dieser besonderen Körperregion im Austausch mit Ihrer Hand pulsieren.

Drücken Sie Ihre Körpergefühle in einem leisen oder halblauten Satz aus. Sagen Sie Ihrem geliebten Menschen:

»Mein Herz schlägt für dich.«

»Ich spüre meine Liebe in meinem Bauch.«

»Meine Liebe erfüllt meinen ganzen Körper.«

Das Licht der Liebe in meinem Körper
Wenn Sie ahnen oder wissen, in welcher Körperregion Sie Ihre Liebesgefühle für Ihren geliebten Menschen spüren, können Sie in diese Gegend mit Ihrer Aufmerksamkeit hineinwandern – in das Herz, in die Brustregion, in Ihre Bauch- oder Beckengegend. Dann lassen Sie von dort Ihre Liebe als Wärme- oder Lichtstrom ausgehen. Das Licht kann rot, gelb, orange sein oder auch eine andere Farbe annehmen. Dieser Licht- und Wärmestrom Ihrer Liebe breitet sich mehr und mehr in Ihrem ganzen Körper aus. Sie nehmen wahr, wie er Sie erfüllt und überall zu spüren ist: intensiv oder ganz zart, in schwerer Fülle oder perlender Leichtigkeit, in großer Dichte oder transparenter Helligkeit. Wie das Blut in Ihrem Körper zirkuliert, so fließt dieser Wärme- und Lichtstrom in Ihnen als Ihr Liebesstrom, den Sie für Ihren Angehörigen empfinden.

Gerade da, wo wir unsere Liebe zum Verstorbenen in unserem Körper fühlen, wird uns schmerzlich bewusst, dass uns in der realen Erfahrung das Entscheidende fehlt: das körperliche Erleben und die körperliche Erwiderung der Liebe. Hier sind wir wieder damit konfrontiert, dass uns der Angehörige in der konkret erfahrbaren, körperlichen Realität fehlt und uns leiblich nicht mehr begegnen wird. Wir werden gezwungen, allmählich zu realisieren und zu akzeptieren, dass wir die körperliche Begegnung nicht mehr leben dürfen und wir von dieser so wichtigen Erfahrungsebene der Liebe Abschied nehmen müssen. Das ist traurig, und darum trauern wir zu Recht. Wir werden über diese Erfahrung gezwungen, die leibliche Abwesenheit unseres lieben Menschen zu realisieren und allmählich als etwas Unabänderliches zu akzeptieren.

»In der Liebe zu dir spüre ich meinen Schmerz«

Zur Liebe im Verlust gehört der Schmerz

Trauernde wissen, dass ihre Liebe zum Verstorbenen einfach da ist oder allmählich wieder spürbar wird. Sie wissen, dass es eine andere Liebe ist. Es ist eine Liebe, die an der realen Abwesenheit des geliebten Menschen leidet. Deshalb ruft die Liebe immer wieder auch den Schmerz über die Abwesenheit des geliebten Menschen wach. Unsere Liebe kann nie mehr so wie früher lieben. Insofern ist und bleibt die Liebe zum Verstorbenen eine ganz andere Liebe. Es ist eine Liebe, die mit der Abwesenheit des Geliebten zurechtkommen muss und die deshalb immer den Stachel des Schmerzes und den Stich der Wehmut in sich trägt.

Im Tiefsten allerdings bleibt meine Liebe die gleiche: Sie liebt den anderen als Du und als Gegenüber, gleichgültig, ob ich ihn umarmen kann oder ob ich ihn als ein geistiges oder inneres Gegenüber in mir trage.

Dialog mit dem Schmerz in meiner Liebe
Wenn Sie an den Verstorbenen denken, dann spüren Sie mehr oder weniger stark den Schmerz über seine bleibende Abwesenheit. Sprechen Sie den Schmerz an:

»Es bleibt schmerzlich, dass mein geliebter Mensch nicht mehr da ist. Deshalb bleibst du, mein Schmerz, mein Begleiter, jedenfalls immer wieder. Wenn ich liebevoll an … (Name des Angehörigen) denke, wenn ich meine Liebe zu ihm/ihr spüre, bleibst du, mein Schmerz, als dunkler Teil in der Liebe erhalten. Das wird lange Zeit so sein, und ich akzeptiere dich als Schattenbruder meiner Liebe. Meine Liebe wird durch dich manchmal schwer und wehmütig, damit aber auch wertvoll. Vielleicht brauche ich irgendwann, braucht meine Liebe irgendwann dich, den Schmerz, nicht mehr.«

»Und ich spüre: Die Liebe ist stark wie der Tod«

Die Liebe im Verlust ist etwas Außergewöhnliches

Durch den Tod ist unsere Liebe bis ins Letzte herausgefordert. Eine »normale« Liebe muss mit vielen anderen Schwierigkeiten umgehen, mit alltäglichen Problemen, mit Konflikten oder mit zeitweiligen Trennungen. Das alles kann eine Liebe gefährden.

Aber in der Regel ist sie nicht von ihrer größten Bedrohung und ihrem größten Feind, dem Tod des Geliebten, herausgefordert. Beim Tod des geliebten Menschen muss die Liebe mit der größten Katastrophe, die sie treffen kann, umgehen.

Auch die Liebe muss ihre Ohnmacht erkennen, weil sie den Geliebten nicht wieder lebendig machen kann. Die Liebe muss sich in dieser Hinsicht dem Tod beugen. Die Liebe stimmt ihrer Ohnmacht zu, weil sie noch nie über Machtmittel verfügt hat.

Doch die Liebe hört hier nicht auf. Sie liebt über den Tod hinaus, der die letzte Grenze in unserer äußeren Realität setzt. Die Liebe durchbricht und transzendiert die Grenzen unserer Realität und öffnet neue Räume, die Räume der Seele und die Räume der geistigen Freiheit. In diesen Räumen ist die Liebe stärker als der Tod, und in diesen Räumen lässt sie den Geliebten wieder lebendig werden.

Stark wie der Tod

Alles in diesem Buch will Sie dahin führen, zu spüren, dass die Liebe stark ist wie der Tod. Dieses Buch, seine Impulse und Imaginationen sind Anleitungen, die Liebe über den Tod hinaus lebendig, kreativ und kraftvoll sein zu lassen. Das können Sie sich in einem Satz immer wieder deutlich machen. Sie können ihn wie ein Gebet oder wie ein Mantra immer wieder sagen:

»Die Liebe ist stark wie der Tod.«

Kapitel 7

Meine Liebe sucht und findet dich

Ich bin nicht weit,
nur auf der anderen Seite des Weges.
Augustinus zugeschrieben

»Und überall hoffe ich dich zu finden«

Die Sehnsucht sucht nach dem Verstorbenen

In der Trauer erwacht nun neben der Liebe und dem Mitgefühl für den Verstorbenen die Sehnsucht. Mit ihr will unsere Seele dorthin gelangen, wo sie den Verstorbenen finden wird. Jeder Verliebte würde bis an das Ende der Welt, nach Australien oder Feuerland reisen, um zu seinem Geliebten zu gelangen. Und wenn das in der äußeren Realität nicht möglich ist, reist der Verliebte mit seinen Gedanken, mit seinen Gefühlen und Fantasien zu dem so schmerzlich vermissten Menschen.

Die Seele von Trauernden verhält sich genauso. Die Sehnsucht lässt der Seele des Trauernden Flügel wachsen, lässt die Gedanken und die Fantasien zum Verstorbenen fliegen. Dadurch kommt der Trauernde dem geliebten Menschen nahe. Deshalb ist die Sehnsucht eine wesentliche Kraft im Trauerprozess. Sie gilt es zu spüren und ihre Kraft, die die Ferne fliegend überwindet, zu nutzen.

Meiner Sehnsucht Flügel verleihen

Bitten Sie Ihre Seele, das Gefühl der Sehnsucht hervortreten zu lassen. Das fällt Ihnen leicht, weil Sie Ihrem geliebten Menschen nahe sein wollen. Sie spüren Ihre Sehnsucht als Ziehen, als Brennen oder als Sehnen im Brustraum oder im ganzen Körper. Sie haben den Impuls, aufzustehen und loszugehen, um Ihren geliebten Menschen zu suchen. Nehmen Sie diesen Impuls auf und sagen Sie sich leise:

»Ich sehne mich nach dir. Ich will dich wiederfinden. Und solange ich mich nach dir sehne, bist du mir nicht verloren. In meiner Sehnsucht spüre ich dich. In meiner Sehnsucht bist du mir ungeheuer nahe – und doch auch so fern. Ich lasse meiner Seele Flügel wachsen und sie immer wieder auf die Reise zu dir gehen.«

Dann achten Sie darauf, was Ihre Sehnsucht jetzt tut.

Sie wird ihren Weg zu Ihrem verstorbenen Menschen finden. Lassen Sie die dazugehörigen Gedanken, Bilder und Fantasien aufsteigen. Sie werden die Nähe zu Ihrem geliebten Menschen in Ihrer Sehnsucht spüren, vielleicht begegnen Sie ihm in Ihren inneren Bildern ganz spontan. Dann sind Sie ihm nahe und nehmen die Nähe in sich auf. Und nach einer Weile holen Sie Ihre Seele wieder zurück und kehren in Ihre Welt zurück. Das wird auch traurig sein, weil Ihnen Ihr Angehöriger in dieser Welt fehlt. Sie wissen, dass Ihre Sehnsucht Sie immer wieder zu Ihrem geliebten Menschen bringen kann.

»Jetzt kann ich dich noch nicht finden«

Wenn die Sehnsucht ins Leere geht

Nicht immer führt die Suchreise zum Finden des verstorbenen Angehörigen. Manche Trauernde sind durch ihren Schmerz innerlich so gelähmt, dass die Sehnsucht blockiert ist. Manche versuchen zwar verzweifelt, den Verstorbenen im Inneren zu finden, stoßen dabei aber immer wieder auf die Leere, die der Verlust zurücklässt. Für alle Trauernden wird es immer wieder die Erfahrung geben, dass der geliebte Mensch nicht zu finden ist. Diese schlimme Erfahrung müssen Trauernde immer wieder aushalten und sie schließlich – was schwer genug ist – bejahen.

Gelingt es uns, auch das Nichtfinden, das Ausbleiben unserer Sehnsucht und die Leere bewusst zu benennen und anzunehmen, wird sich dieser Zustand verändern, und es wird die Hoffnung auf ein Finden des Angehörigen auftauchen. Die Hoffnung sowie die Sehnsucht gehören als Grundenergien zu uns, solange wir leben. Diese beiden Grundkräfte der Seele werden nicht aufhören, den geliebten Menschen zu suchen, bis wir ihn in unserer Seele gefunden haben.

Auch wenn ich dich jetzt nicht finde – die Hoffnung gebe ich nicht auf

Wenn Sie keine Sehnsucht spüren, wenn Sie vom Suchen resigniert sind und Ihnen die Kraft des Hoffens zurzeit fehlt, formulieren Sie für sich:

»Manchmal spüre ich in mir nur Leere. Die Sehnsucht nach meinem geliebten Menschen ist wie ausgeflogen. Manchmal bin ich resigniert, weil alles Suchen nichts nützt. Dann muss ich diese Erfahrung in mir so gelten lassen. Das ist schmerzlich und doch ist es so. Und während ich versuche, dies zu akzeptieren, weiß ich, dass es nicht immer so bleiben wird. Meine Seele ist und bleibt lebendig und zu ihr gehören die Hoffnung und die Sehnsucht, auch wenn beide jetzt wie verschwunden scheinen. Und doch sind sie in mir. Sie werden zu ihrer Zeit wieder in mir auftauchen und lebendig werden, um mit mir wieder auf die Suche nach meinem geliebten Menschen zu gehen.«

»Ganz in meiner Nähe begegnest du mir«

Erstes Finden im Äußeren und die ersten Näheerfahrungen

Zunächst sucht unsere Seele den geliebten Menschen im unmittelbaren Lebensumfeld. Unsere Seele rechnet noch immer damit, ihn dort zu finden, wo wir ihm alltäglich begegnet sind. Eine Witwe sieht ihren verstorbenen Mann immer wieder dort an seinem gewohnten Platz am Tisch. Andere berichten, dass sie ihren Angehörigen sehen, wie er ihnen aus einiger Entfernung zuwinkt. Immer wieder entdecken Hinterbliebene Menschen, die dem Verstorbenen sehr ähnlich sehen, und für Augenblicke ist er dann einfach da. Das tröstet und tut doch auch weh, wenn das Bild des geliebten Mensch wieder verschwindet.

Über diese Erfahrung erleben Trauernde, wie die Begegnung mit dem Angehörigen jetzt nach seinem Tod aussieht und wie in Zukunft die Begegnungen mit ihm sein werden: Für Augenblicke ist er ganz da, und dann entzieht er sich wieder. Zurück bleibt aber die tröstliche Erfahrung der Begegnung und die Sehnsucht nach ihm.

Ich gehe in meiner Nähe bewusst auf die Suche nach dir

Sie können die Sehnsuchtssuche Ihrer Seele unterstützen, indem Sie sich Folgendes vornehmen:

»Ich gehe mit offenen Augen durch meine Umgebung, in die Nähe unserer Wohnung oder unseres Hauses, in die bekannten Straßen und auf die nahen Plätze. Ich lasse meine Augen auf die Suche nach dir gehen. Ich lasse sie überall hinwandern. Und ich freue mich, wenn ich dich sehe. Ich begrüße dich, lächle und nicke dir zu. Es ist gut, dass ich dich für Augenblicke gefunden habe. Ich danke dir dafür. Dann verabschiede ich mich von dir, lasse dich wieder ziehen und schaue mich um. Ich schüttle ein wenig verwirrt den Kopf und finde mich wieder in meiner Realität ohne dich. Ich nehme den Trost der Begegnung dankbar an und spüre die Trauer, die über dein Verschwinden jetzt in mir aufsteigt. Auch sie darf sein, weil ich dich nicht umarmen kann. Dann gehe ich weiter und bin mir sicher, dass ich dich bald irgendwo wieder entdecken werde – zunächst immer wieder draußen in der Realität und dann mehr und mehr in meiner Seele.«

»Du wohnst nur nebenan, eine Zimmertür weiter«

Die Sehnsucht weitet die Grenzen der Wahrnehmung

In unserer Alltagsrealität sind unsere Grenzen der Wahrnehmung für andere Welten sehr fest und dicht. Doch der Tod des geliebten Menschen hat uns ungeheuer sensibel, hellhörig und hellsichtig werden lassen. Es scheint so, als würde der Verstorbene ganz in unserer Nähe leben. Nur eine dünne Wand trennt uns von ihm. Die Grenze zum Verstorbenen ist durchlässig. Die ganz andere Welt, die jenseits unserer Grenzen liegen muss, ist uns sehr nahe gerückt. Wir sollten diese neue Sensibilität nutzen, um die Nähe des geliebten Menschen immer wieder zu spüren, ohne dass wir ihm direkt begegnen. Das Wissen, dass der geliebte Mensch nicht weit ist, kann sehr tröstlich sein.

Auch wenn du nicht da bist, spüre ich dich in meiner Nähe
Lassen Sie das Gefühl zu, dass Ihr geliebter Mensch in unmittelbarer Nachbarschaft lebt. Sie können sich vorstellen, dass hinter der nächsten Wand Ihr geliebter Mensch da ist, im nächsten oder übernächsten Raum. Immer wieder spüren Sie seine Präsenz. Diese Präsenz berührt Sie über die Entfernung hinweg, sie berührt Sie in Ihrer Liebesfähigkeit, und Sie spüren die Liebe Ihres geliebten Menschen.

»Auch du suchst mich«

Näheerfahrungen tauchen aus dem Unbewussten empor

Nicht nur wir suchen den Verstorbenen, sondern umgekehrt scheint auch er uns zu suchen. Und immer wieder taucht der geliebte Mensch auf und ist plötzlich da. So unterschiedlich das aussehen mag, ist diesen Erfahrungen gemeinsam, dass der geliebte Mensch von außen an die Trauernden heranzutreten scheint.

Eine Frau erzählt, dass sich ihr Sohn immer wieder ganz selbstverständlich wie ein Kissen um ihre Schultern legt. Er ist ihr dabei ganz nahe, und sie fühlt sich durch diese Anwesenheit sehr getröstet.

Andere Trauernde hören ganz klar und deutlich die Stimme des Verstorbenen. Viele Menschen erleben, dass der Verstorbene sie in ihren Träumen aufsucht. Der Verstorbene tritt immer wieder in unser Bewusstsein und sucht damit von sich aus die Begegnung mit uns.

Ich bin bereit, mich von dir finden zu lassen
Öffnen Sie Ihr Bewusstsein dafür, dass Ihr geliebter Mensch Sie von sich aus aufsuchen möchte:

»Ich bin bereit für dich. Ich lasse mich finden. Und öffne meine Seele für dich. Ich stelle mir eine Tür oder ein großes Tor vor. Manchmal ist es durch meinen Schmerz oder meine Trauer versperrt, manchmal verschließe ich es selbst durch meinen Zorn oder durch meine Bitterkeit. Auch das darf immer wieder sein. Aber wenn ich spüre, dass du vor der Tür meiner Seele stehst, dann öffne ich sie. Ich freue mich auf dich, wenn du in meinen Träumen einfach da bist oder wenn du mir in einem kurzen Moment einfällst. Ich will meine Tür mehr und mehr für dich öffnen. Ich bin mir sicher, dass du eines Tages ganz in mein Inneres einkehrst und in meiner Seele wohnst.«

»Wenn ich dir begegne, spüre ich Liebe«

Näheerfahrungen als erste Liebeserfahrungen

Die unterschiedlichen Näheerfahrungen sind am Beginn des Trauerweges intensiv und nahegehend. Es ist gut, sie als Geschenk des Verstorbenen an uns wahrzunehmen und anzunehmen. Sehr häufig sind sie mit dem Gefühl einer tiefen Liebe verbunden. Der Verstorbene ist körperlich ganz nahe bei mir, und ich spüre ihn so intensiv, als lebte er. Viele Betroffene können das nicht glauben, andere befürchten verrückt zu sein. Die meisten Trauernden reden nicht über diese Erfahrungen. Nicht zuletzt deshalb wird dieser Aspekt der Trauererfahrung in der gängigen Trauerliteratur leider ignoriert. Oft wird dies als ein vorübergehendes, leicht zu erklärendes Phänomen verstanden.

Doch in den Näheerfahrungen erleben Betroffene, dass ihre Liebe weitergehen kann. Ich möchte Sie ermutigen, diese Erfahrungen für sich anzunehmen und sie als ein Geschenk Ihrer wechselseitigen Liebe zu verstehen. Die Näheerfahrungen sind eine wichtige und wirksame Basis für die weitergehende, innere Beziehung zum Verstorbenen.

Ich nehme deine Nähe als Geschenk an
Wann immer Sie Ihrem geliebten Menschen nahe sein können, sagen Sie zu ihm:

»Es ist gut, dass du jetzt so nahe bist. Ich spüre dich und will auch dir nahe sein. Deine Nähe strahlt Liebe aus, die mich berührt. Ich nehme das als ein Geschenk von dir und als Aufforderung, die Liebe in mir zum Vorschein kommen und wachsen zu lassen. So begegne ich dir in Liebe.«

»Immer wieder rufe ich dich in mir wach«

Die Begegnungen auf der inneren Bühne gestalten

Die ersten Näheerfahrungen entstehen meist spontan ohne unser Zutun. Allmählich werden sie seltener und weniger intensiv werden. Wir erleben das oft nochmals als einen traurigen Vorgang. Für manche Hinterbliebene ist es auch bedrohlich, weil sie nun den Abbruch der Beziehung befürchten. Doch diese Sorge ist unbegründet. In den verschiedensten Näheerfahrungen hat unsere Seele den geliebten Menschen mehr und mehr nach innen genommen, und die Begegnungen haben trotz der äußeren Abwesenheit des Verstorbenen eine neue Beziehung entstehen lassen. Diese neue Beziehung ist nicht zuletzt deshalb entstanden, weil in jeder Begegnung – merklich oder unmerklich – die Liebe zwischen uns wachgerufen und gestärkt wurde.

Was aber nun von den äußeren Erfahrungen nach innen gewandert ist, können wir auch von innen wieder nach oben in unser Bewusstsein rufen. Wir können die erlebten Näheerfahrungen, aber auch den geliebten Menschen selbst vor unser inneres Auge treten lassen. Und auch das wird unsere Beziehung stärken und festigen. So sollten wir uns unseren geliebten Menschen immer wieder ins Bewusstsein rufen und ihm in inneren Bildern begegnen.

Wir begegnen uns nun nicht mehr in äußeren Situationen, sondern im seelischen Innenraum, den man auch als »innere Bühne« beschreiben kann. Diese Bühne kann eine Landschaft, das uns bekannte Wohnzimmer, ein neu gedachtes »Bühnenbild« oder unser Seelenraum sein. In diesem Bühnenbild und inneren Raum unserer Seele kann ich dem Verstorbenen begegnen, mit ihm reden und ihn umarmen.

Vieles, was auf dieser inneren Bühne geschieht, ereignet sich ganz selbstständig und spontan. Wir können das Bühnengeschehen auf unserer inneren Bühne aber auch selbst wachrufen und bewusst mitgestalten. Ich kann dem Bühnengeschehen wie von den Rängen eines Theaters zuschauen, oder ich kann selbst auf die

Bühne gehen und mitten im Geschehen sein. Viele Imaginationen dieses Buches beruhen darauf, dass wir die Begegnungen mit dem Verstorbenen auf unserer inneren Bühne entstehen lassen und gestalten. Die folgende Imagination ist ein erstes Einüben in diese so wichtige Fähigkeit, den geliebten Menschen vor mein inneres Auge treten zu lassen, ihm zu begegnen und mit ihm in den Dialog zu treten.

IMAGINATION

Wir begegnen uns auf meiner inneren Bühne

Nehmen Sie sich zu dieser Imagination Zeit und Ruhe. Entspannen Sie sich und setzen Sie sich bequem hin. Vielleicht schließen Sie die Augen, damit Sie sich auf Ihr Inneres konzentrieren können. Dann lassen Sie das Bild Ihres geliebten Menschen vor Ihrem inneren Auge entstehen. Oft erscheinen nur kurz Bilder, manchmal verschwommene oder ineinandergeschobene Bilder. Warten Sie, bis sich ein Bild klarer herauskristallisiert. Manchmal tauchen keine Bilder, sondern Gefühle oder Empfindungen auf. Auch das sind wichtige Erfahrungen, in denen Ihnen Ihr geliebter Mensch begegnen kann. Wenn es Ihnen schwerfällt, vor Ihrem inneren Auge ein Bild entstehen zu lassen, dann können Sie sich an ein Bild zu Lebzeiten Ihres Angehörigen erinnern.

Was nun vor Ihrem inneren Auge geschieht, ereignet sich auf Ihrer inneren Bühne, also in Ihrem eigenen Seelenraum. Sie sehen Ihren geliebten Menschen vor sich oder spüren seine Nähe. Schauen Sie ihn an und lassen Sie die Nähe zu. Gehen Sie auf Ihren lieben Menschen zu, begrüßen Sie ihn liebevoll und nehmen Sie ihn in die Arme. Sagen Sie leise:

»Es ist schön, dir zu begegnen. Ich spüre dich und die Liebe zwischen uns. Es ist gut, dass du in mir da sein kannst. Ich danke dir dafür.«

Bleiben Sie in der Umarmung, solange Sie beide es als angenehm erleben. Dann lösen Sie Ihre Arme, schauen sich noch einmal an und verabschieden sich in der Weise, wie es für Sie stimmt. Das wird auch traurig sein, denn Sie kehren zurück in Ihre Welt, in der Ihr geliebter Mensch nicht mehr lebt. Diese erneute Konfrontation mit der Realität ist schmerzlich. Lassen Sie die Trauer darüber zu, und spüren Sie die tröstliche Erfahrung Ihrer liebevollen Begegnung.

Kapitel 8

Meine Liebe bewahrt dich in meiner Erinnerung

Wie kann ich nur traurig sein
mit all den glücklichen Erinnerungen an dich?
Gabriele Gérard

»In meinem Erinnern lebst du«

Die Liebe will Erinnerung

Die Liebe will, dass der Verstorbene weiterlebt, wenn nicht hier in unserer konkreten Realität, dann wenigstens im Reich der Erinnerung. Das Vergessen dagegen wäre für die Liebe ein undenkbarer Verrat an dem Verstorbenen. Für die Liebe ist das Vergessen der zweite große Vernichter des Lebens. Wenn wir das gemeinsam Erlebte im Fluss des Vergessens versinken lassen – dann erst ist der geliebte Mensch gänzlich gestorben und auch in unserer Seele tot. Den geliebten Menschen aus dem Gedächtnis zu löschen, bedeutet für unsere Seele, ihn gänzlich auszulöschen und den Geliebten ein zweites Mal sterben zu lassen.

Das kann und will die Liebe nicht, im Gegenteil: Im Erinnern wird die Existenz des geliebten Menschen gesichert, und die Erinnerung wird zu einem sicheren Ort für den Verstorbenen. Wenigstens in der Erinnerung soll und darf der Verstorbene leben. Das ist wenig genug und doch unendlich mehr als ein weiterer Verlust im Vergessen.

Deshalb gibt die Liebe die Kraft zum Erinnern. Die Liebe kämpft gegen das Vergessen. Sie will das gemeinsam Erlebte immer wieder in den Raum der bewussten Erinnerung bringen. Die Liebe errichtet Schatzkammern der Erinnerungen, die wir immer wieder aufsuchen können. Der Schlüssel zu diesen Schatzkammern ist und bleibt die Liebe.

IMAGINATION

Ich lasse mich von meinen Erinnerungen führen

Sie möchten alles von Ihrem geliebten Menschen wissen, alles ist wichtig, jede Erinnerung an Ihren geliebten Menschen bringt ihn Ihnen näher. Deshalb ist es gut, sich immer wieder der eigenen Erinnerungssuche zu überlassen. Dazu möchte ich Sie jetzt gern einladen.

Suchen Sie nach einer Erinnerung. Lassen Sie in sich eine Szene aufsteigen, in der Sie mit Ihrem geliebten Menschen zusammen waren.

Vielleicht ist es eine Szene aus einem bestimmten Urlaub mit Ihrem Partner oder Ihrer Partnerin. Lassen Sie dieses Bild entstehen. Dann gehen Sie von da aus in weitere Erinnerungen. Es sind kleine Dinge, die Sie in Ihrer Erinnerungskette weiterführen. Vielleicht führen Ihre Erinnerungen Sie in andere Urlaube oder in andere gemeinsame Erlebnisse in der Freizeit.

Vielleicht entsteht in Ihnen eine Szene, die zeigt, wie Sie mit Ihrer verstorbenen Tochter oder Ihrem Sohn zusammen spielen oder lernen. Lassen Sie dieses Bild entstehen. Wenn Sie dann eine Zeit lang in dieser Erinnerung verweilen, lassen Sie sich von einem neuen Erinnerungseinfall in die nächste Erinnerung führen. Das mag das Bild von einem gemeinsamen Ausflug, vom gemeinsamen Anschauen eines Filmes oder von einer anderen Freizeitszene sein. Dann gehen Sie von da aus in weitere Erinnerungen, und so gehen Sie Schritt für Schritt weiter, und jeder Schritt führt Sie tiefer in die Erinnerungswelt mit Ihrem geliebten Menschen.

Unsere Erinnerungswelt gleicht, wie in dieser Übung deutlich wird, einer weitverzweigten, unendlich großen Schatzkammer, die sich als Labyrinth in den Tiefen unserer Seele befindet. Der Wunsch der Liebe, unseren geliebten Menschen zunehmend in uns bewusst zu machen, führt uns von Erinnerung zu Erinnerung. Oft genügt es, dass wir uns diesen Assoziationsketten überlassen. Bei ganz entlegenen oder unbewussten Erinnerungen müssen wir uns bemühen, ein Stück weiterzukommen. Dann können wir andere nach deren Erinnerungen befragen, wir können Fotografien und Filme anschauen oder Dokumente und Briefe als Erinnerungshilfen nutzen.

»Überall treffe ich auf deine Spuren«

Die Liebe sucht nach Erinnerungshinweisen

Es ist traurig, immer wieder zu realisieren, dass der Verstorbene nicht mehr da ist. Es ist schmerzlich, die Leere auszuhalten, die der Verstorbene hinterlässt. Und dennoch oder gerade deshalb sucht die Liebe überall nach Hinweisen, die unsere Erinnerungen an unseren geliebten Menschen wachrufen. Für die Liebe ist die ganze Welt voller Spuren von ihm. Überall finden wir als Hinterbliebene Zeichen vom Verstorbenen, die wie Wegweiser in unsere Erinnerungswelt zeigen. Es ist so, als sprächen alle Gegenstände, alle Räume, alle Landschaften vom Verstorbenen.

Viele kleine Gegenstände erzählen von gemeinsam Erlebtem, gemeinsamen Geschichten und Erfahrungen. Eine alte Postkarte führt in die erste Zeit des Verliebens. Eine Rechnung über den Kauf von Kinderschuhen erzählt die Geschichte, wie wir damals die Schuhe zusammen mit unserer Tochter ausgesucht haben, zu welcher Jahreszeit wir die Schuhe kauften, in welchem Alter unsere Tochter sie brauchte, wie sie dann in diesen Schuhen ging und welche Ereignisse in die Zeit dieser Schuhe fielen.

Wenn wir die Erinnerungshinweise bewusst wahrnehmen und auf Geschichten hin befragen, werden uns viele bisher vergessene oder unbewusste Erinnerungen zugänglich. Unsere Erinnerungswelt wird so immer größer und vielfältiger.

Bewusst nach Erinnerungsspuren suchen

Schauen Sie sich in Ihrer Wohnung oder in Ihrem Haus um. Lassen Sie Ihre Augen ganz bewusst nach Erinnerungsspuren suchen. Jeder Gegenstand, jeder Raum, jedes Bild könnte Ihnen etwas von Ihrem geliebten Menschen erzählen. Verweilen Sie in dieser Erinnerung und gehen Sie dann zum nächsten Gegenstand. Sie werden bald ganz automatisch von Erinnerungshinweis zu Erinnerungshinweis, von Einfall zu Einfall geführt. Sie werden überrascht sein, wie viele bisher noch unbewusste Erinnerungen auftauchen. Und je intensiver Sie sich diesem Schauen überlassen, umso reicher werden Sie beschenkt.

Es genügt, wenn Sie zunächst ein Zimmer nach Erinnerungshinweisen absuchen. Am besten schreiben Sie Ihre Erinnerungen auf.

Sie können später diese bewusste Erinnerungssuche auf andere Zimmer, auf die Wohngegend oder andere erinnerungsträchtige Umgebungen ausdehnen.

»Mit allen Sinnen erinnere ich mich«

Die Vielfalt der Erinnerungsfähigkeiten

Das Erinnern ist so vielfältig wie das Leben selbst: Der geliebte Mensch ist im Erinnern präsent in meinen Gedanken, in meinen Bildern, in meinen Träumen, in meinen Tagträumen, in meinen erinnerten Gefühlen und in meinen Fantasien. Wir erinnern uns an Berührungen, an Umarmungen und an Zärtlichkeiten. Wir erinnern uns an Gefühle, die wir gegenüber dem geliebten Menschen erlebten. Wir erinnern uns an bestimmte Gesten, die der geliebte Mensch häufig wiederholte. Bestimmte Töne oder Geräusche fallen uns ein, wie das helle Lachen des geliebten Menschen.

Wir verbinden bestimmte Gerüche und Geschmackserfahrungen mit dem geliebten Menschen. Das kann ein Parfüm sein, das der Partner mochte, das kann der Duft eines bestimmten Gerichtes sein, das der Partner gerne aß oder kochte.

Erinnerungen sind oft an einzelne Sinneskanäle gebunden. Die Erinnerung wird reicher und intensiver, wenn wir weitere Sinneskanäle hinzunehmen. Wenn wir uns an den Duft des Lieblingsessens des Partners erinnern, können wir uns die Situation am Esstisch vorstellen: Ich sitze am Tisch und schmecke das Essen. Ich sehe den geliebten Menschen, wie er isst. Ich spüre, wie ich Messer und Gabel halte und wie ich am Tisch sitze. Ich höre, wie wir miteinander reden und wie das Geschirr klingt.

Je intensiver wir die Erinnerungen in uns wachrufen und je lebendiger wir sie in unserer Erinnerungsschatzkammer speichern, desto weniger werden wir diese nun ganz plastische, an alle Sinne gebundene Erinnerung vergessen.

Mit allen Sinnen erinnere ich mich an dich
Nehmen Sie sich einige Augenblicke Zeit, abends vor dem Zubettgehen oder vor dem Einschlafen, und erinnern Sie sich an Ihren geliebten Menschen in den folgenden Modi des Erinnerns.

Denken Sie an Ihren Angehörigen, indem Sie sich eine Berührung in Erinnerung rufen. Das kann das Händereichen bei der Begrüßung, eine unabsichtliche Berührung, ein Streicheln oder eine Umarmung sein.

Denken Sie an Ihren geliebten Menschen, indem Sie ein Gefühl wachrufen: Das kann eine freudige, eine erregte, eine leichte Empfindung sein. Es kann aber auch ein schmerzvolles, trauriges Gefühl oder das Gefühl des Ärgers sein, das Sie mit ihm verbinden.

Denken Sie an Ihren geliebten Menschen, indem Sie einen Geruch oder einen Geschmack erinnern: Wie riecht er bei einer Umarmung, wie schmeckt ein Kuss von ihm? Denken Sie an Ihren Angehörigen, indem Sie ein Geräusch oder Klänge wie sein Singen oder Lachen hören. Denken Sie an Ihren Angehörigen, indem Sie sich an eine Bewegung, eine Haltung oder eine Geste erinnern, die Sie an ihm beobachteten oder die Sie im Zusammensein mit Ihrem geliebten Menschen oft selbst ausführten. Sie werden bemerken, dass es Ihnen in bestimmten Sinneskanälen sehr leichtfällt, sich zu erinnern. Versuchen Sie aber auch, Ihre Erinnerungen in den Sinneskanälen zu empfinden, mit denen Sie es schwerer haben, damit Ihre Erinnerungen vielfältiger und reicher werden.

Meine Erinnerung reich werden lassen

Denken Sie jetzt an Ihren geliebten Menschen. Vermutlich wird Ihnen ein Bild von ihm selbst oder von einer gemeinsam erlebten Szene einfallen. Lassen Sie dieses Bild jetzt intensiver werden, indem Sie sich die Farben stärker und leuchtender vorstellen. Lassen Sie das Bild ganz deutlich, plastisch und dreidimensional werden. Und dann fügen Sie die in dieser Szene wichtigen anderen Sinneserfahrungen hinzu: Sie riechen und schmecken alles genau, was in dieser Situation da war. Sie hören sich oder Ihren geliebten Menschen reden oder lachen. Sie achten so genau auf den Klang und das Schwingen dieser Geräusche, dass Sie sie vielleicht körperlich spüren können. Sie merken nun, wie Sie sich in dieser Szene bewegen, welche Gesten Sie beim Reden ausführen, wie Sie dasitzen oder umhergehen. Jede Bewegung nehmen Sie bis in jede Muskelfaser hinein wahr. Sie fühlen genau, was Sie in dieser Situation empfinden, bis in jede Körperregion hinein.

Und während Sie diese Szene intensiv erleben, bleiben Sie in sehr bewusstem Kontakt mit Ihrem Angehörigen. Sie erleben alles mit ihm, in intensiver Berührung, in dichter Nähe und großer Verbundenheit.

Je mehr Sie sich so auf die Erinnerung einlassen, umso präsenter und gegenwärtiger wird die Erfahrung. So können Sie diese Erfahrung gut für Ihre Erinnerung sichern.

Sie können deshalb dieses Bild nun auch wieder verlassen, weil Sie es sicher in Ihrem Erinnerungsschatz ablegen können. Sie werden dabei wieder die Trauer darüber spüren, dass diese Erinnerung der Vergangenheit angehört. Sie wissen, dass Sie diese Erfahrung zwar in Ihrer Erinnerung wieder aktivieren können, aber nie mehr etwas Ähnliches mit Ihrem Angehörigen neu erleben werden. Das ist und bleibt traurig.

»Ich erinnere mich an unsere gemeinsame Liebesgeschichte«

Die Liebe macht Erinnerung lebendig

Die Liebe will mehr als erstarrte Bilder, schließlich ist die Beziehung zum Verstorbenen immer eine gemeinsame Liebesgeschichte, auch wenn es zeitweilig oder lange eine schwierige Beziehung war. Immer hat es mit der Liebe begonnen – auch die elterliche Liebe zu den Kindern oder deren Zuneigung zu ihren Eltern.

Die Liebe will diese Liebesgeschichte wieder mit allen Gefühlen lebendig werden lassen. Die Gefühle sind das Lebendige an der Erinnerung, und in ihnen leben wir jetzt liebend dasselbe wie damals. Unsere Gefühle entstehen, wenn wir uns die Liebesgeschichte immer wieder wie in einem Kinofilm vor Augen führen. Unsere Erinnerungen aus Liebe ergeben keine fixierten Ölbilder, sondern sind emotional bewegte und bewegende Liebesfilme.

Wie alles mit dir angefangen hat

Denken Sie weit zurück in die Zeit, in der alles mit Ihnen und Ihrem geliebten Menschen angefangen hat. Wenn es eine Begegnung zwischen zwei Partnern war, blicken Sie zurück in die Szene, in der Sie sich zum ersten Mal gesehen haben. Wie haben Sie sich kennengelernt? Was war das Besondere an diesem Anfang? Welche Geschichten und Mythen ranken sich um den Beginn Ihrer Liebesgeschichte?

Wenn Ihr geliebter Mensch Ihr Kind war, gibt es auch da einen Anfang der gemeinsamen »Liebesgeschichte«. Wie wurde Ihr Kind gezeugt, wie war die Schwangerschaft, wie die Geburt? Wie waren die ersten Tage, Wochen und Monate dieser besonderen Liebesgeschichte?

Verweilen Sie in der Erinnerung am Anfang Ihrer Beziehung, und spüren Sie den Zauber des Anfangs und die dazugehörigen Liebesgefühle.

Die schönsten Situationen
Sammeln Sie die Erinnerungen an die schönsten und intensivsten Situationen mit Ihrem geliebten Menschen. Wählen Sie drei bis fünf Situationen, in denen Sie sich sehr nahe waren und in denen Ihre Liebe intensiv zu spüren war. Schreiben Sie sich diese Situationen detailgenau auf. Vielleicht finden Sie auch noch ein Foto oder ein anderes Erinnerungsstück für diese besondere »Liebesszene«.

Die Stationen unserer gemeinsamen Geschichte
Durchleben Sie in Ihrer Erinnerung noch einmal die Jahre Ihrer gemeinsamen Geschichte wie in einem Zeitrafferfilm. Welche Einschnitte, welche besonderen Zeiten, welche Hoch- und Tiefpunkte gab es? Schauen Sie, welche Abschnitte und Phasen es in Ihrer gemeinsamen »Liebesgeschichte« gibt. Welches Foto oder welches Erinnerungsstück passt zu den einzelnen Abschnitten Ihrer gemeinsamen Geschichte? Wenn Sie möchten, können Sie den gemeinsamen Weg auch auf einem großen Blatt Papier aufzeichnen.

»Ich sehe dich, wie du in deinem Wesen bist«

Die Struktur der Person des Angehörigen erinnern

Ein Liebender sieht den Geliebten nicht nur in seinem Äußeren. Er kennt und erkennt ihn in der Tiefe als einen ganz besonderen Menschen. Die Liebe sieht mit liebevollen Augen die Person, das Wesen, den Charakter und die Persönlichkeit des geliebten Menschen. Wenn wir das wiederum sehr bewusst und genau tun, entsteht ein geistiges Bild vom Verstorbenen in uns. Zugleich wird er in dieser Beschreibung zu einem inneren Gegenüber, das uns mit seiner Persönlichkeit anspricht und berührt.

Manche Einzelheiten werden wir in den langen Jahren nach dem Tod des Angehörigen vergessen, die Liebe aber erinnert sich immer an das Wesen und an die Person des Verstorbenen. In seinem von uns erkannten Wesen bleibt er bis an unser eigenes Lebensende ein wesentlicher, uns prägender Teil unserer Geschichte und unserer eigenen Person. So bleibt er auch der von uns geliebte Mensch, weil es sein Wesen war, das uns angezogen hat. Ebenso fühlen wir uns darin auch von ihm geliebt, denn mit seinem Wesen und seiner Person hat er uns erreicht und uns mit seiner Liebe berührt.

In den folgenden Impulsen möchte ich Sie gerne in dieser »Wesenserinnerung« unterstützen. Sie werden spüren, dass Ihnen damit Ihr geliebter Mensch ganz nahe kommen wird und eine Liebesverbindung auf einer tiefen geistigen Ebene möglich wird.

Was dein Gesicht, deine Augen und deine Hände von dir erzählen

Im Gesicht, in den Augen und den Händen eines geliebten Menschen kommt sehr viel von seinem Wesen zum Ausdruck. Erinnern Sie sich an das Gesicht, die Augen und die Hände Ihres geliebten Menschen. Was können Sie darin vom Charakter seiner Person sehen und entdecken? Waren seine Augen offen und strahlend, weil Ihr Angehöriger zugänglich und fröhlich war?

Waren seine Augen eher zurückgenommen, weil er zurückhaltend und schüchtern war?

Waren seine Hände eher grobgliedrig, weil er zupacken konnte? Waren sie eher fein und zerbrechlich, weil Ihr geliebter Mensch sensibel und verletzlich war?

Nehmen Sie sich immer wieder Zeit, den Verstorbenen auf einer Fotografie oder in der Erinnerung liebevoll und eingehend anzuschauen, und entdecken Sie dabei immer wieder neu, wer er in der Tiefe als Person war.

Der verstorbene Angehörige zeichnet sich durch seine besondere Gestalt, seine Größe, seine Körperhaltung aus und zeigt darin sehr viel von seiner Person. In dieser besonderen Gestalt und damit in seinem Charakterbild haben wir ihn erlebt und – meist unbewusst – wahrgenommen und in uns gespeichert.

IMAGINATION

Du begegnest mir in deiner Gestalt

Stellen Sie sich vor, wie Ihr geliebter Mensch aus einer größeren Entfernung auf Sie zukommt. Noch sind Sie sich nicht ganz sicher, ob er es wirklich ist, aber von der Statur und Größe her könnte er es sein. Sie schauen genauer hin und achten auf seinen Gang. Und nun sind Sie sich sicher, dass es Ihr Angehöriger ist. Genau so ging er, genau so bewegte er sich. Vielleicht mit weit ausgreifenden Schritten, mit schwingenden Armen, vielleicht ganz aufrecht oder eher nach vorne gebeugt – eben so, wie Ihr geliebter Mensch sich aus seinem Inneren heraus bewegte. Und Sie wissen, dass sich darin seine ganze Persönlichkeit ausdrückt. Sie halten wie in einer Fotografie Ihren Angehörigen in dieser besonderen Gestalt und in diesem Gang und damit das Besondere und Unverlierbare Ihres geliebten Menschen fest. Wenn Sie dieses »Gestaltfoto« von Ihrem geliebten Menschen betrachten, spüren Sie in Liebe, wer dieser Mensch für Sie ist. Nehmen Sie dieses Wesensbild tief in Ihr Herz auf und bewahren Sie es dort an einem ganz besonderen Platz. Es hat neben den vielen anderen Erinnerungen eine ganz besondere Bedeutung.

Wenn wir unseren Angehörigen in seiner Entwicklung über die Jahre hinweg sehen, dann werden wir noch mehr von seiner Person verstehen. Im Lauf der Entwicklung eines Menschen kristallisiert sich zunehmend deutlich und sichtbar seine Persönlichkeit heraus.

IMAGINATION

Ich sehe dich in verschiedenen Altersabschnitten

Schließen Sie Ihre Augen und erinnern Sie sich an Ihren geliebten Menschen – und zwar im jüngsten Alter, in dem Sie ihn kennenlernten. Vielleicht war er noch ganz jung, ein Jugendlicher oder ein junger Heranwachsender. Sehen Sie ihn genau in diesem jungen Alter vor sich, mit seiner Kleidung, seiner Figur, seiner Haltung, seinem Gesicht und seiner Frisur. Wer ist Ihr Angehöriger in dieser Altersstufe?

Wenn Ihr geliebter Mensch Ihr Kind ist, dann sehen Sie es als Neugeborenes, als Säugling und Baby. Wer war dieses Baby damals schon? Wie war seine Person schon damals?

Geben Sie ihm einen Platz in Ihrem Erinnerungsbild oder auf Ihrer inneren Bühne. Dann gehen Sie einige Jahre weiter – bei Kindern in kleineren Jahresschritten von zwei bis drei Jahren, bei Erwachsenen in Schritten von vier bis fünf Jahren – und sehen Ihren Angehörigen um diese Jahre gealtert vor sich. Wie sah er in dieser Zeit aus? Welche Gestalt, welche Kleidung, welchen Ausdruck sehen Sie? Welche Persönlichkeit war er oder sie in dieser Altersphase?

Dann geben Sie Ihrem geliebten Menschen dieser Altersphase den Platz auf Ihrem Erinnerungsbild neben dem jüngeren geliebten Menschen.

Gehen Sie wieder einige Jahre weiter und sehen Sie Ihren geliebten Menschen in der nächsten Altersphase. Sie nehmen wieder wahr, wer er in dieser Zeit war.

So sehen Sie Ihren geliebten Menschen in seiner Entwicklung in verschiedenen Phasen seines Älterwerdens vor sich. Ihnen wird klar, was sein besonderes Wesen ist und was Sie mit diesem besonderen Wesen in Liebe verbindet. Machen Sie sich klar, dass auch Sie sich mit ihm in dieser Zeit entwickelt haben und dass Ihre Beziehung mehr und mehr die Beziehung zwischen zwei ganz besonderen Wesen wurde und heute noch in Ihnen präsent ist.

In deinem Wesen bleibst du bei mir

Überlegen Sie sich noch einmal, was die besonderen Wesenszüge Ihres geliebten Menschen sind. Schreiben Sie das in mehreren Sätzen auf, die jeweils mit »In deinem Wesen bist du …« beginnen. Also zum Beispiel: »In deinem Wesen bist du sehr aktiv und offen.«

Führen Sie sich die jeweiligen Charakterzüge vor Augen, indem Sie die Gestalt Ihres geliebten Menschen mit diesem Wesenszug sehen, und freuen Sie sich daran. Überlegen Sie, welche von diesen besonderen Eigenschaften Sie nun selbst entwickeln möchten, sodass der geliebte Mensch in Ihnen in diesem besonderen Charakterzug weiterlebt.

Sagen Sie Ihrem geliebten Menschen:

»Ich möchte dein/e … (zum Beispiel Freundlichkeit) entwickeln. Darin lebe ich einen Teil von dir weiter.«

Natürlich gibt es auch Wesenszüge am anderen, die Sie stören und über die Sie mit Ihrem Angehörigen im Streit lagen. Auch die gilt es wahrzunehmen, gehören sie doch zu Ihrem geliebten Menschen und prägen sie ebenfalls das Besondere seiner Person. Machen Sie sich also seine »schwierigen« Eigenschaften bewusst, und schauen Sie sie mit Liebe an. Sagen Sie Ihrem geliebten Menschen:

»Dein/e … (zum Beispiel pessimistische Seite) ist schwierig für mich und doch gehört Sie zu dir als Person. Und ich liebe dich als ganze Person, mit deinen schönen und deinen schwierigen Seiten.«

»Wenn ich mich an dich erinnere, spüre ich meine Liebe«

Erinnerung macht die Liebe stark

Die Liebe will also Erinnerung. Und umgekehrt hilft die Erinnerung der Liebe. Das Erinnern führt und fügt zusammen, was durch den Tod getrennt ist. Im englischen Sprachgebrauch wird das deutlich, da das englische Wort »remembering« für »erinnern« eigentlich »jemanden wieder zum Mitglied machen« bedeutet. Im Erinnern wird der Verstorbene oder der Vergessene wieder zu einem Teil einer Gruppe und zu einem Teil dessen, der sich erinnert. Das Erinnern holt den geliebten Menschen ganz bewusst in die Gefühlswelt. Wie bei einer äußeren, realen Begegnung freue ich mich, meinem geliebten Menschen in der Erinnerung zu begegnen, ihn zu sehen und ihm nahe zu sein. Dabei flammt meine Liebe wieder auf. Sie entbrennt zu dem, der mir in der Erinnerung näher kommt als in jeder Umarmung. Jede Erinnerung, auf die ich mich mit meinen Gefühlen, auch mit denen meiner Trauer und meines Schmerzes, einlasse, nährt meine Liebe zum Verstorbenen.

IMAGINATION

Erinnerung lässt die Liebe in mir schwingen

Lassen Sie irgendeine Erinnerung an Ihren geliebten Menschen aufsteigen, und sehen Sie diese als Bild oder Szene auf Ihrer inneren Bühne vor sich. Stellen Sie sich vor, dass von diesem Bild Wärme oder Licht auf Sie zufließt, so als würden Sie von außen von einer Wärmequelle gewärmt oder von einem Licht angeleuchtet. Lassen Sie die Wärme und das Licht stärker werden und in Sie eindringen. Sie spüren dabei, wie Ihnen von der Erinnerung, von dem Bild, von der Szene und von Ihrem geliebten Menschen her Energie zufließt und wie diese in Ihnen Resonanz findet. Sie spüren, wie die Liebe in Ihnen zu schwingen und zu fließen beginnt. Und während Sie dem weiter nachspüren, wissen Sie, dass jede Erinnerung in Ihnen Ihre Liebe anspricht, mitschwingen und stark werden lässt.

Kapitel 9

Meine Liebe lässt dich sicher wohnen

Ich
seh' in den
Himmel
ich sehe nur
dich
Margarete Clasen

Bereitet aber ist eine
Wohnung in der Höhe wolkenweiß
und sanft wie Abendlicht.
Im Vorhof jubeln die Feste
und die Tränen werden zum Wasser
das heilt.
Elisabeth Borchers

»Ich will, dass du sicher wohnst«

Die Liebe sucht sichere Orte für den Verstorbenen

Unsere Liebe gibt den geliebten Menschen nicht verloren. Sie will und wird ihn nicht ins Bodenlose, ins Nichts fallen lassen. Das kann und darf unsere Liebe nicht, will sie sich selbst treu bleiben. Es gehört zur Liebe, dass sie den anderen unter allen Umständen bewahrt, auch unter dem schlimmsten Umstand des Lebens, dem des Todes. Deshalb kann sich die Liebe gar nichts anderes vorstellen, als dass der geliebte Mensch in seiner eigenen Weise an einem bestimmten Ort existiert. Dazu braucht es sichere Orte, an denen unsere Seele den geliebten Menschen zu wissen glaubt. Der Glaube der Liebe an diese andere, neue Existenzweise an einem sicheren Ort ist unendlich stark. Deshalb findet und »erfindet« die Liebe sichere Orte, zu denen der geliebte Mensch hingeht, wo er sein kann und in einer neuen Weise lebendig ist.

Unsere Seele weiß im Tiefsten genau, was ein sicherer Ort für den geliebten Menschen ist. Wir wissen schon immer, also schon vor dem Tod des Verstorbenen, wo er sich sicher und geborgen fühlt. Angesichts der schrecklichen Tatsache seiner Abwesenheit müssen wir uns das Wissen um einen sicheren Ort wieder ins Bewusstsein rufen.

Die eigene Seele nach einem sicheren Ort fragen
Die folgenden Fragen werden Ihr Unbewusstes anregen, Ihnen das Wissen um den sicheren Ort für Ihren Angehörigen in Form von Gedanken, Ideen und Bildern zur Verfügung zu stellen:

Welcher Ort, welche Gegend, welche Landschaft passt zu Ihrem geliebten Menschen? Wo hat er sich gern aufgehalten, wo hat er sich sicher und wohlgefühlt? In welcher Umgebung sehen Sie Ihren verstorbenen Menschen jetzt ganz spontan? Wenn Sie ihm einen sicheren Ort bauen könnten, was würden Sie bauen – eine große Burg, ein Schloss, ein Haus in einem

Wald? Wo müsste der sichere Ort für Ihren Angehörigen liegen, in der höchsten Höhe, in der tiefsten Tiefe, in der fernsten Weite oder ganz im Gegenteil in der nächsten Nähe?

Wenn Sie sich so fragen, dann lassen Sie alle Ihre Einfälle zu. Jede Idee trägt dazu bei, einen sicheren Ort für Ihren geliebten Menschen zu finden und ihn so zu gestalten, dass Ihr geliebter Mensch dort ganz gehalten ist.

Manchmal taucht bei den gestellten Fragen kein Bild oder keine Vorstellung auf, weil wir uns scheuen, uns diesen Ort so konkret und »diesseitig« vorzustellen. Manche Trauernde sind durch den Tod so tief verunsichert, dass sie sich nicht vorstellen können, dass der Verstorbene an einem sicheren Ort gut aufgehoben ist. Die Suche der Liebe nach einem sicheren Ort ist manchmal auch eine schwierige, oft auch langwierige Suche. Trauernde sollten dann nicht angestrengt weitersuchen, sondern sich der Führung und Weisheit der Liebe überlassen. Sie können diesen Suchprozess mit offenen Fragen an das eigene Unbewusste unterstützen.

Die Seele bei ihrem unbewussten Suchen unterstützen
Legen Sie Ihrer Seele immer wieder die folgenden offenen Fragen vor:

Welche Farbe hat wohl der für den Verstorbenen passende sichere Ort? Ist es eher eine warme Farbe wie Rot oder Orange, ist es eher ein kühle, transzendente Farbe wie ein Blau- oder ein Violettton? Wird der sichere Ort eher weit und offen oder eher eingegrenzt und eng umhüllend sein? Ist der sichere Ort eher weich oder eher fest und sehr stabil? Passt für den sicheren Ort eher ein Bild aus der Natur wie eine Höhle oder ein Berg oder stimmt eher ein Bild aus der Welt des Menschlichen wie eine haltende Hand oder starke Arme in einer Umarmung? Ist der sichere Ort eher weit entfernt wie der Himmel oder Regenbogen oder befindet er sich ganz in der Nähe wie im Zimmer des Angehörigen oder in Ihrem eigenen Körper? Ist es eher ein konkreter Ort wie das Grab, eher ein symbolischer oder religiös verstandener Ort wie das Paradies oder das ewige Licht?

Sie müssen diese Fragen nicht bewusst beantworten. Lassen Sie Ihr Unbewusstes arbeiten. Oft dauert es länger, bis in Ihnen ein entsprechendes Bild aufsteigt oder Ihnen ein solches beispielsweise im Traum einfällt.

Vielen Betroffenen hilft es, überlieferte Bilder eines sicheren Ortes zu übernehmen. Diese uralten Bilder sind seit Menschengedenken sehr wirksame und wirkmächtige Abbildungen von sicheren Orten. Der Himmel, das Paradies oder der Schoß Gottes sind solche Bilder, die für viele Menschen sichere Orte sind und die sie als tröstlich erleben.

Ich werde in diesem Kapitel auch auf solche vorgegebenen Bilder zurückgreifen (vgl. dazu mein Buch »Meine Trauer wird dich finden«) und sie aufnehmen, aber auch verändern. Prüfen Sie selbst, welche dieser verschiedenen Bilder des sicheren Ortes für Sie und Ihren geliebten Menschen angemessen sind. Nicht alle stimmen für jeden Betroffenen. Prüfen Sie deshalb, welche Bilder Sie ganz unmittelbar ansprechen. Wenn Sie unsicher sind, ob eines dieser Bilder für Sie stimmt, dann lesen Sie sich die dazugehörige Imaginationsübung leise oder laut vor, lassen diese auf sich wirken und spüren nach, ob dieses Bild Ihnen entspricht.

»Dort kann ich dir immer wieder begegnen«

Die Liebe braucht sichere Orte als Begegnungsorte

Die Liebe sucht nicht nur die Orte so aus, dass an ihnen der geliebte Mensch sicher bewahrt ist, sondern auch so, dass an diesen Orten die Begegnung mit ihm gelebt werden kann. Das sind zunächst konkrete Orte in unserer erreichbaren Umgebung wie das Grab, wie ein ehemaliger gemeinsamer Urlaubsort oder Orte, an denen früher die Beziehung intensiv gelebt wurde. Es können auch Orte sein, an denen Stille, Konzentration oder eine besondere Einkehr möglich ist.

An diesen Orten erleben wir als Trauernde die Nähe des Verstorbenen. Wenn die Sehnsucht übergroß wird, suchen wir diese Orte auf, hoffen auf die Nähe des Verstorbenen und gehen dann – nur ein wenig, aber doch ein wenig – getröstet wieder.

Ein fünfzigjähriger Ingenieur hatte seine junge Frau durch Suizid verloren. Mit der Institution Kirche hatte er noch nie etwas anfangen können. Ein Jahr nach dem Tod seiner Frau geht er werktags immer wieder zum Pfarrer, bittet um den Kirchenschlüssel und verweilt eine Stunde in der Kirche in stillem Zwiegespräch mit seiner Frau. Er lässt die mitgebrachte rote Rose am Altar liegen und gibt schweigend den Schlüssel zurück. Er braucht kein Gespräch mit dem Pfarrer. Ihm ist allein die nahe Begegnung mit seiner verstorbenen Frau wichtig.

Die Begegnungsorte sind oft aber auch ferne Orte, zu denen wir dennoch eine Brücke schlagen können.

Eine Witwe geht abends immer wieder auf ihren Balkon, um am Sternenhimmel den Stern ihres verstorbenen Mannes zu sehen. Sie lässt ihren Blick lange auf diesem Stern ruhen und spürt die innere Verbindung zu ihrem Mann. Manchmal spricht sie leise ein paar Worte mit ihm, manchmal denkt sie an ihn. Sie erlebt dabei über die unendlich große Entfernung eine besondere Nähe, die sie in ihrer Seele wirken lässt und mit nach innen nimmt.

Wo ich dir begegnen möchte

Stellen Sie sich und Ihrem Unbewussten wieder einige Fragen:

Wo würde ich meinem geliebten Menschen gerne begegnen? Wo möchte ich ihn begrüßen, ihm in die Arme fallen und ihn halten? Wo möchte ich ihm nahe sein? Spontan werden Sie denken: Hier in meiner Welt, und zwar ganz konkret und real. Wie schön wäre es, wenn mein geliebter Mensch jetzt da wäre, leibhaftig und greifbar. Es ist und bleibt schmerzlich, dass diese Begegnung in unserer realen Welt nicht mehr möglich sein wird.

Und doch ist Ihr Begegnungswunsch wichtig und richtig. Es wird weitere Begegnungen geben – nicht mehr in unserer Realität, aber in der Liebe. Dazu brauchen wir einen gemeinsamen Begegnungsort. Gehen Sie deshalb in einen inneren Dialog mit Ihrem geliebten Menschen:

»Ich möchte dir immer wieder begegnen. Dafür wünsche ich mir einen sicheren Ort, an dem wir uns nahe sein können. Manchmal weiß ich nicht, wo dieser Ort ist, manchmal bin ich unsicher. Ich möchte gern ein Bild von diesem Begegnungsort. Ich möchte ein sicheres Gefühl für den Ort, an dem wir uns sehen, umarmen und miteinander reden können. Lass uns gemeinsam diesen Ort finden.«

Wenn Sie schon einen Begegnungsort haben, können Sie sagen:

»Es ist gut, dass ich dich an diesem Ort immer wieder finde und dir in Liebe nahe sein kann. Ich bin froh um diesen Ort, an dem wir uns begegnen können.«

»Hier bist du nicht nur begraben«

Das Grab als sicherer Begegnungsort

Ein Paar, das seine Zwillinge bei der Geburt verlor, geht jeden Sonntagmorgen zum Grab der beiden. Das Paar wählt ganz bewusst diese besondere Zeit, um am Grab den Kindern nahe zu sein. Auf dem Friedhof ist es still, von der Kirche her hört man am Sonntagmorgen den Gemeindegesang, und niemand ist da, der die innere Zwiesprache der Eltern mit den Kindern stören würde.

Für viele ist das Grab der sichere Ort, an dem der Verstorbene anzutreffen ist. Hier ist intensive Nähe zu spüren, hier kann ich in stillem Gedenken an den Angehörigen verweilen, und hier kann ich in einen Dialog mit dem Verstorbenen eintreten. Andere erleben hier aber auch ganz massiv die Abwesenheit des geliebten Menschen und die Leere, die sein Tod hinterlassen hat. Auch das darf sein und hat am Grab seinen Platz.

Ich besuche dein Grab mit allen meinen Gefühlen
Ich möchte Ihnen einen besonderen Besuch des Grabes Ihres Angehörigen vorschlagen. Beginnen Sie damit, dass Sie sich auf den Grabgang vorbereiten. Was spüren Sie jetzt in Ihrer Trauer, in Ihrem Schmerz, in Ihrer Verzweiflung und Leere? Heute möchten Sie diese Gefühle zum Grab tragen und sie dort Ihrem geliebten Menschen schenken. Nehmen Sie Ihre Gefühle jetzt mit. Sie können sich vorstellen, dass diese wie verschiedene kleinere und größere Geschenke sind. Sie sind ganz unterschiedlich eingepackt – grau, schwarz, vielleicht auch in anderen Farben.

Gehen Sie nun zum Grab. Stehen Sie sehr bewusst davor, spüren Sie noch einmal alle Ihre Gefühle. Vielleicht halten Sie Ihre beiden Hände geöffnet vor sich, so als hätten Sie ein Geschenk in Ihren Händen. Dieses Geschenk sind Ihre Gefühle, die Sie mitgebracht haben. Gehen Sie nun bewusst in die Knie und geben Sie Ihre Gefühlsgeschenke auf das Grab mit den Worten:

»Ich lege dir all meine Gefühle an dein Grab, und ich fühle, was ich zu dir hin fühle.« Vielleicht spüren Sie jetzt Ihre ganze Trauer, Ihre ganze Leere und Verzweiflung – dann lassen Sie diese Gefühle zu. Vielleicht wandeln sich Ihre Gefühle und Sie spüren zunehmend auch Gefühle wie Zuneigung, Nähe und Liebe.

Wenn Sie mögen, können Sie dann leise sagen:

»Und ich bin jetzt mit meinen Gefühlen ganz da, ganz bei dir.«

Viele Menschen spüren am Grab spontan und unmittelbar die Nähe zum geliebten Menschen, andere haben es damit schwer und empfinden Ohnmacht, Abstand und Leere.

Ich möchte dir an deinem Grab nahe sein – und es ist doch so schwer

Stellen Sie sich vor, dass Sie am Grab stehen und leise sagen:

»Ich bin jetzt hier und möchte dir nahe sein. Doch ich spüre nichts. Ich fühle einfach nur Trauer um dich, Leere ohne dich, Ferne zu dir und deine Abwesenheit. Ich fühle das und weiß, dass das jetzt in Ordnung ist. Ich sehe dein Grab und kann mir nicht vorstellen, dich hier zu spüren. Ich sehe deinen Namen auf dem Grabkreuz oder Grabstein und kann nicht begreifen, dass du hier sein sollst. Am liebsten würde ich weglaufen und schreien, in der Hoffnung, dass ich aufwache und alles nur ein böser Traum war und du wieder bei mir bist. Doch ich weiß, dass das nicht möglich sein wird.

Ich hoffe, dass ich meine Liebe für dich wiederentdecken werde. Und wenn ich jetzt hier stehe, kann das beginnen, jetzt oder irgendwann.«

Für viele andere Hinterbliebene ist es selbstverständlich, dass sie am Grab ihre Liebe spüren und fühlen. Dann stärkt es die Beziehung zum Verstorbenen, wenn sie dieses Gefühl auch leise aussprechen und bezeugen. Betroffenen, die es schwer haben, ihre Gefühle dem geliebten Menschen gegenüber zu spüren, könnte der folgende Impuls helfen, ihre Liebesgefühle trotz der Trauer und Leere angesichts des Grabes wiederzufinden.

Ich will dir mit Liebe begegnen

Stellen Sie sich vor das Grab und versuchen Sie folgende Sätze zu sprechen:

»Ich stehe jetzt vor dir und will dir nahe sein. Ich möchte dir sagen, dass ich dich liebe, einfach nur liebe. Mit meiner Liebe möchte ich dir jetzt begegnen und dich in Liebe spüren – auch wenn es mir jetzt noch schwerfällt. Ich traue unserer Liebe zu, dass sie sich wiederfindet und dass sie dich wiederfindet.«

Trauernde können eine solche Liebesbezeugung auch an anderen Begegnungsorten wie zum Beispiel im Zimmer oder am Unfallort des Verstorbenen sprechen. Wenn wir die Liebe aussprechen und dem Angehörigen bewusst in Liebe begegnen, stärken wir unsere Liebe und Verbundenheit zu ihm.

»An diesem Ort spüre ich intensiv meine Liebe zu dir«

Wichtige Begegnungsorte immer wieder aufsuchen

Für unsere Liebe sind die Orte wichtig, an denen die Liebe selbst sehr präsent war. Es sind Orte intensiv erlebter Gefühle. Diese haben sich in unserer Seele mit diesem Ort unauslöschlich verbunden. Wenn wir uns von unserer Liebe an diese Orte führen lassen und uns dort sehr bewusst wahrnehmen, können wir eine intensive Nähe zu unserem geliebten Menschen erfahren. In der dort zu erfahrenden Liebe kommt uns der Verstorbene sehr nahe.

Eine Frau erzählt, dass sie immer wieder einen bestimmten Weg entlanggeht. Dort war sie mit ihrem Mann in den Anfangszeiten ihrer Liebe immer wieder eng umschlungen unterwegs. Im Volksmund wird dieser Weg das »Liebesgässchen« genannt. Wenn sie durch die schmale Gasse geht, ist es für sie so, als ginge ihr Mann neben ihr her.

Der Entstehungsort unserer Liebe
Gehen Sie nun in Ihrer Vorstellung oder auch real an den Ort, an dem Ihre Liebe zu Ihrem Verstorbenen entstand oder zu Beginn Ihrer Beziehung von Ihnen beiden intensiv erlebt wurde.

Sagen Sie sich und Ihrem geliebten Menschen folgende oder ähnliche Sätze:

»Hier bin ich dir zum ersten Mal begegnet. Hier begann unsere Liebe, und ich spüre sie jetzt. Hier ist der Geburtsort unserer Liebe, und deshalb finde ich dich hier immer wieder, und ich spüre dich in meinen Liebesgefühlen.«

Hier waren wir uns in unserer Liebe besonders nahe
Denken Sie an andere wichtige Orte, an denen Sie etwas Besonderes mit Ihrem Angehörigen erlebt haben. Vielleicht spüren Sie manchmal einen inneren Impuls, einen bestimmten Ort der gemeinsamen Beziehungsgeschichte aufzusuchen. Das ist ein Zeichen des Unbewussten, dass dieser Ort ein sicherer Begegnungsort werden kann. Dieser Ort kann ein besonderer Urlaubsort, ein bestimmtes Haus wie das gemeinsame Lieblingslokal oder die Kirche sein, in der Sie geheiratet haben.

Sagen Sie sich und Ihrem geliebten Menschen:

»Hier habe ich mit dir die schönsten und wichtigsten Augenblicke unserer Liebe erlebt, und ich spüre sie jetzt. Und so bin ich dir in Liebe nahe. Ich nehme dich innerlich in die Arme. Ich liebe dich.«

Auch der Ort, an dem die reale Beziehung durch den Tod des Angehörigen endete, ist für viele ein Ort intensivster Liebesgefühle.

Eine Frau fährt am Todestag ihres siebzehnjährigen Sohnes etwa hundert Kilometer zu dem Krankenhaus, in dem ihr Sohn nach etlichen Tagen im Koma verstarb. Sie geht zur Intensivstation, bleibt dort im Vorraum sitzen und spürt, wie nahe sie hier ihrem Sohn ist. Der Schmerz steigt auf, und die Tränen fließen. Und doch muss sie genau hierherkommen, um in der Erinnerung ihrem Sohn nahe zu sein. Hier erlebt sie die größte Unmittelbarkeit zu ihrem Sohn. Nach einer halben Stunde geht sie, traurig und doch ein wenig getröstet.

Am Ort deines Sterbens begegne ich dir in Liebe
Wenn Sie möchten und es sich von Ihren Gefühlen her zumuten können, gehen Sie zu dem Ort, an dem Ihr Angehöriger starb. Manchmal reicht es auch, wenn Sie sich diesem Ort nur nähern und in der Distanz verweilen.

Sagen Sie Ihrem geliebten Menschen:

»Ich weiß, dass du hier noch lebtest, und deshalb bin ich dir in besonderer Weise hier nahe. Und ich weiß, dass du hier von unserer Welt gegangen bist, deshalb spüre ich hier meinen Schmerz besonders. In meinem Schmerz und in meiner Liebe bin ich dir hier nahe.«

»In allem, was uns umgibt, bist du sicher aufgehoben«

Die Natur als Aufenthaltsort

Für viele Hinterbliebene kehrt der Verstorbene in die Natur zurück. Die uralte Bestattungsformel »Asche zu Asche, Erde zu Erde« lässt diese Vorstellung noch anklingen. Das erklärt auch Bestattungsformen wie die Seebestattung, das Verstreuen der Asche des Verstorbenen in einen Fluss oder ins Meer und neuerdings auch die Bestattung unter einem Baum in sogenannten Friedwäldern. Umgekehrt erleben viele Hinterbliebene über die Allgegenwart der Natur die Präsenz des Verstorbenen. Die Natur mit ihrer Unveränderlichkeit und Größe, mit der sie uns trägt und umgibt, wird so zu einem sicheren Ort für den Verstorbenen.

IMAGINATION

In der Natur umgibst du mich

Stellen Sie sich eine Landschaft vor, sei es ein Gebirge, das Meer oder ein See. Es kann eine Landschaft sein, in der Sie oft mit Ihrem Angehörigen zusammen waren oder die zu ihm passt. Sie können das Bild dieser Landschaft jetzt vor Ihrem inneren Auge entstehen lassen. Vielleicht ziehen Sie es vor, diese Landschaft aufzusuchen und sich dort an einem ausgewählten Platz niederzulassen.

Vielleicht erinnern Sie sich, wie Sie mit Ihrem geliebten Menschen hier waren. Sie wissen und spüren, dass er genau hier hergehört. Sie ahnen, dass Ihr geliebter Mensch ganz in diese Landschaft hineingenommen ist.

Jetzt sind Sie allein und wissen doch, dass Sie nicht allein sind. Sie sind mit Ihrem lieben Menschen verbunden über die Landschaft, in der Sie zusammen waren, durch die Sie gegangen sind, in der Sie sich beide aufgehalten haben. Diese Landschaft, diese Ebene, diese Gegend, diese Hügel haben Sie beide getragen und haben Sie damals beide umfangen.

Sie sehen sich und Ihren lieben Menschen hier spazieren gehen, an einem See sitzen oder was immer Sie hier erlebt haben. Sie wissen, dass diese Landschaft es in sich gespeichert und aufbewahrt hat. Und Sie fühlen sich auch jetzt über diese Landschaft mit Ihrem geliebten Menschen verbunden. Sie können spüren, dass er von der Sie umgebenden Natur gehalten ist und dass er Ihnen von der Natur widergespiegelt wird. Sie schauen sich noch intensiver in der Landschaft um und spüren seine Präsenz und seine Gegenwart. Während Sie die Landschaft in ihrer Größe und Mächtigkeit auf sich wirken lassen, sind Sie beide, Sie und Ihr geliebter Mensch, sehr nahe beieinander.

Dann verabschieden Sie sich allmählich von Ihrem Angehörigen und dieser Landschaft mit dem Wissen, dass Sie jederzeit wieder hierher zurückkehren und ihm nahe sein können.

»In der Natur siehst du mich an«

Die Natur als Spiegel für den geliebten Menschen

Für manche Hinterbliebene ist die Natur ein sehr direkter Spiegel des verstorbenen Menschen. Sie sehen ihn ganz konkret in einzelnen Naturphänomenen. Auch wenn Menschen sich schämen, über solche Erfahrungen zu berichten, ist dies eine Möglichkeit, dem geliebten Menschen in und über die Brücke der Natur zu begegnen.

Die folgenden Übungen machen Sie am besten draußen in der Natur. Sie können sie aber auch in Form einer Imagination durchführen.

IMAGINATION

In den Wolken bist du über mir

Setzen Sie sich an einen ruhigen Ort, von dem aus Sie eine weite Sicht auf den Himmel und die dahinziehenden Wolken haben. Sie können sich dies auch nur vorstellen.

Sie sehen die weißen Wolken am Himmel stehen, langsam oder schnell dahinziehen. Weiße Wolkengebirge, weiße Wolkenfetzen, weiße Wolkengestalten, die sich immer wieder verändern, die auseinanderreißen und sich zu neuen Formen finden. Während Sie die Wolken beobachten, werden Sie ruhiger und ruhiger. Sie spüren neben Ihrer Trauer um Ihren Angehörigen auch die Sehnsucht nach ihm. Und während Sie diese Gefühle zulassen, formen sich die Wolken immer wieder neu, und Sie beobachten diese Formen ganz absichtslos. Manchmal ist es, als würden Sie durch ihre Form an Ihren geliebten Menschen erinnert. Es mögen die Initialen des Namens Ihres Angehörigen sein, es mag sein Gesicht sein oder etwas ganz anderes, über das Sie die Nähe Ihres geliebten Menschen spüren.

Und schon verfliegt diese Form der Wolken, unversehens tauchen neue auf. Sie entdecken Ihren geliebten Menschen in den

Wolken auf eine andere, neue Weise. Vielleicht ist es im Augenblick auch nur das Spiel des Himmels, das keine Bedeutung hat – und doch fühlen Sie sich von den ruhig dahingleitenden Wolken beruhigt, vielleicht ein wenig getröstet.

IMAGINATION

Dein Bild im Spiegel des Wassers

Stellen Sie sich das Folgende vor oder erleben Sie es draußen in der Natur: Sie sitzen am Rande eines Teichs oder Sees. Er liegt still da und spiegelt die umgebende Landschaft, sei es den Wald oder die um den See liegenden Berge. Auch Ihre eigene Gestalt sehen Sie im Wasser gespiegelt. Wenn Sie sich näher über die Oberfläche beugen, entdecken Sie Ihr Gesicht, auch die Trauer in Ihrem Gesicht.

Manchmal kräuselt sich die Wasseroberfläche. Manchmal durchziehen kleine Wellen ringförmig das Wasser, weil irgendwo etwas in den Teich gefallen ist. Dann löst sich Ihr Spiegelbild auf, es verschwimmt in den Wellentälern und -bergen. Sie schauen genauer hin und entdecken, dass sich dabei das Bild Ihres Angehörigen einstellt. Seine Gestalt, sein Gesicht, sein Lachen oder Weinen wird wie von der Tiefe aufsteigend im Wasser gespiegelt. Sein Bild mag sich anstelle Ihres Spiegelbildes einstellen oder es mag sich darin abzeichnen. Sie sehen Ihren geliebten Menschen gespiegelt – ganz nahe. Sie spüren, wie Ihre Liebe in Ihnen aufsteigt. Sie nehmen das Bild in sich auf, lassen es in sich wirken und sehen, wie es sich im See auflöst. Vielleicht stellen sich im spiegelnden Wasser neue Bilder von Ihrem Angehörigen ein, vielleicht liegt die Wasseroberfläche wieder still da und spiegelt Ihr eigenes Bild oder die Umgebung des Sees. Allmählich verabschieden Sie sich vom See und gehen beruhigt, die Spiegelbilder in sich tragend, vom See weg.

Auch andere Naturphänomene können Hinterbliebene anregen, Bilder und Erinnerungen aufsteigen zu lassen und durch sie die Nähe zum Verstorbenen zu erleben: im ständigen und doch gleichbleibenden Wirbeln eines Wasserfalles, in einer Felsformation im Gebirge, im Sand am Strand, in den Dünen oder in den schäumenden Wellen der Meeresbrandung. Überall können und dürfen Trauernde die Sehnsucht und Liebe zu ihrem Angehörigen entdecken. Überall kann er ihnen gespiegelt und in Liebe begegnen.

»Auf diesem Stern wohnst du sicher«

Ferne und doch nahe sichere Orte in der Natur

Eine Frau hatte als Kind ihren Vater verloren. Sie war untröstlich. In der Familie sah niemand ihre Trauer, niemand versuchte sie zu trösten. Nur ihre Großmutter nahm sie in den Arm, zeigte auf die Sterne und sagte zu ihr: »Dein Vater ist ein Stern da oben. Dort geht es ihm gut.« Dieser Satz war sehr tröstlich, weil er dem Mädchen eine zwar ferne, aber über die nächtliche Gegenwart des Sternenlichtes doch auch erlebbare Nähe des Vaters schenkte.

Andere ferne und doch mit uns in Verbindung stehende sichere Orte können der Himmel, der Regenbogen oder das Licht der Sonne sein.

IMAGINATION

Dein Stern leuchtet mir

In dieser Übung möchte ich Sie einladen, in einer klaren Nacht unter den Sternenhimmel zu treten. Nehmen Sie Ihre Trauer und Ihre Sehnsucht mit, wenn Sie nun in den dunklen Nachthimmel blicken. Lassen Sie die unendliche Tiefe und Weite des Weltalls auf sich wirken.

Sie sehen die vielen Lichtpunkte am Himmel – Sterne, unendlich viele Sterne, einzelne oder zu Gruppen wie in der Milchstraße gebündelt. Sterne, die ruhig leuchten, Sterne, die blinken. Je länger Sie Ihre Augen auf die Suche gehen lassen, desto mehr Sterne werden Sie entdecken.

Wenn Sie möchten, können Sie sich vorstellen, dass Ihr verstorbener geliebter Mensch auf einem dieser Sterne wohnt, dass er dort seinen sicheren Ort gefunden hat. Wenn Sie möchten, können Sie einen Stern aussuchen, der Ihr Stern ist, auf dem Ihr geliebter Mensch wohnt. Unendlich weit weg ist dieser Stern – das spüren Sie in Ihrer Trauer. Und doch ist dieser Stern sichtbar – das spüren Sie als Liebe in Ihrem Inneren, so, als leuchtete in Ihnen dieser Stern, als ginge er in Ihrem Herzen auf, brennend, schmerzend vielleicht, aber doch ganz nahe in Ihnen.

Wenn Sie so diesen besonderen Stern Ihres Verstorbenen sehen und in Ihr Inneres hineinnehmen, dann spüren Sie vielleicht Ihre ganze Trauer, Ihre ganze Sehnsucht in Ihnen wie einen heißen Stern brennen. Lassen Sie die Gefühle zu, weil sie Ihnen Ihren geliebten Menschen unauslöschlich in Ihr Herz brennen. Vielleicht aber spüren Sie auch ein wenig Trost, weil Sie wissen, das Ihr geliebter Mensch für Sie wie ein Stern ist, der immer wieder in Ihnen selbst aufgeht, der nie vergeht oder sich verliert. Es ist Ihr Stern, auf dem Ihr geliebter Mensch wohnt – und es ist es ein Stern in Ihrem Inneren.

Verabschieden Sie sich vom Nachthimmel und von dem Stern dort droben. Sie können das getrost tun, weil Sie diese Erfahrung in Ihre Wohnung oder in Ihr Haus mitnehmen können und weil der Verstorbene wie ein Stern in Ihnen leuchtet. Wenn Sie mögen, können Sie immer wieder unter den klaren Sternenhimmel treten, um sich an den Stern, auf dem Ihr geliebter Mensch wohnt, zu erinnern.

»Du bist ein Teil dessen, was uns umgibt«

Aufgehoben in den Schwingungen des Kosmos

Manche Hinterbliebene haben es wegen ihrer Weltanschauung schwer, sich den Verstorbenen an einem bestimmen sicheren Ort vorzustellen. In ihrem naturwissenschaftlichen Weltbild ist oft kein Raum für eine solche Vorstellung. Hier können Gedanken aus der modernen Physik weiterhelfen. Alle Materie ist letztlich nichts anderes als Energie, die in den Elementarteilchen bis hin zu den Strings schwingt. Unsere Realität ist demnach nichts anderes als ein vielfach verwobenes Muster von Energiezuständen, in das auch wir verwoben sind. Alles ist mit allem verbunden, und alles hat auf alles eine Wirkung. Auch der Verstorbene hat mit seiner Energie, mit seinem Leben, mit seinen Gedanken und Gefühlen Spuren im Energiemuster des Universums hinterlassen. Er ist somit aufgehoben im Energiemuster des Universums und ist unauslöschlich Teil des Ganzen, mit dem wir als Hinterbliebene ebenfalls verbunden sind.

Ich bin mit dir über das Ganze verbunden
Wenn Sie zu den Menschen gehören, die an ihre Verbundenheit mit ihrem geliebten Menschen in der Natur eher abstrakt denken, möchte ich Ihnen hier keine bildhafte Imagination anbieten, sondern nur einen Gedanken, der an die vorangegangenen Überlegungen anschließt. Sie können sich diesen Gedanke auch als Satz immer wieder sagen:

»Ich bin mit dir im Ganzen verbunden, und das Ganze verbindet uns.«

Kapitel 10

Meine Liebe will Klärung und Versöhnung mit dir

Ich vergebe dir, mein Sohn,
dass du mich verlassen hast.
Ich vergebe dir,
aber lass mir noch eine Zeit meine Trauer.
Gabriele Gérard

»Meine Liebe zu dir will eine geklärte Beziehung«

Die Liebe will keine Störungen

Ein vierzigjähriger Mann träumt nach dem Tod seiner Frau Folgendes: »Ich will zum Friedhof an das Grab meiner Frau gehen. Doch der Weg führt nicht weiter, weil ein trüber Bach vor mir liegt. Erstaunt schaue ich mich um. Rechts neben mir entdecke ich eine Kläranlage. Komisch, denke ich, diese Kläranlage war doch noch nie hier. Verwirrt und tieftraurig wache ich auf.«

Seine Frau war vor einem Jahr bei einer Bergwanderung verunglückt. Das Paar war schon seit längerer Zeit in einer schwierigen Partnerschaftssituation. Immer wieder hatte es massive Streitigkeiten gegeben, die auch nach dem Tod der Ehefrau störend zwischen den Partnern stehen. Eine gelöste innere Beziehung des Mannes zu seiner Ehefrau ist daher noch nicht möglich. Zugleich zeigt der Traum im Symbol der Kläranlage schon einen Weg auf. Der Ehemann muss einiges in der Beziehung zu seiner Frau klären.

Unsere Liebe will ungehindert zum Verstorbenen fließen können. Deshalb will sie, dass wir Störungen, Blockaden oder Ärgernisse in der Beziehung zu unserem geliebten Menschen aufarbeiten und bereinigen. Auch offengebliebene Fragen, unerledigte Themen oder ungelebte Wünsche können zu einer Störung in der Beziehung zum geliebten Menschen führen. Unsere Liebe fordert uns wie in diesem Traum auf, in eine Klärungsarbeit zu gehen. Angesichts des Verlustes und der drohenden Störung der Beziehung ist das dringend nötig. Ist der Angehörige durch einen Suizid aus dem Leben geschieden, steht die Klärungsarbeit oft an allererster und zentraler Stelle!

Kann meine Liebe ungehindert zu dir fließen?
Gehen Sie in sich und spüren Sie Ihre Gefühle gegenüber Ihrem Verstorbenen. Nehmen Sie Ihre Trauer und Ihren Schmerz wahr. Das ist ganz in Ordnung. Spüren Sie Ihre Zuneigung und Ihre Liebe zu Ihrem geliebten Menschen. Vielleicht tauchen aber auch noch ganz andere Gefühle auf. Vielleicht spüren Sie eine Enttäuschung darüber, dass Sie Wichtiges nicht mehr gemeinsam erleben durften. Vielleicht gibt es Groll und Ärger, weil Sie sich von Ihrem Angehörigen an einer bestimmten Stelle verletzt fühlen. Vielleicht haben Sie Schuldgefühle, weil Sie Ihrem Angehörigen etwas zugefügt haben, wofür Sie sich noch nicht entschuldigen konnten.

Auch diese Gefühle neben der Trauer und der Liebe sind in Ordnung. Heißen Sie sie willkommen. Sie zeigen Ihnen, an welcher Stelle Sie noch etwas mit Ihrem geliebten Menschen klären können. Machen Sie sich bewusst, in welchen Situationen von früher noch etwas Schwieriges gebunden ist und welche kritischen Themen und Fragen zwischen Ihnen noch offen sind.

Wenn Sie bei diesem Impuls keine auffälligen oder störenden Gefühle und Themen entdecken, dann ist dies völlig in Ordnung. Für viele Hinterbliebene sind die zurückliegenden Beziehungsstörungen angesichts des ungeheuren Verlustes bedeutungslos geworden und verblassen zunehmend. Manchmal allerdings tauchen die Beziehungsstörungen zum Verstorbenen sehr viel später auf, aber dann ist noch Zeit genug, sie, wie in diesem Kapitel vorgeschlagen, anzugehen und zu lösen.

»Das konnten wir nicht mehr miteinander erleben«

Sich das Ungelebte bewusst machen und gut abschließen

»Wie gerne hätte ich das noch mit dir erlebt« oder »Wie schön wäre es, wenn wir das zusammen nur noch einmal unternehmen könnten« – Sätze und Gedanken wie diese gehören zu jedem Verlust.

In fast allen Beziehungen gibt es Dinge, die offengeblieben sind. Wir haben in jeder nahen Beziehung gemeinsame Wünsche, Pläne und Vorhaben, die wir noch zusammen erleben oder erledigen wollten. Der Tod, insbesondere der jähe und unzeitige Tod, setzt dieser gemeinsam geplanten Zukunft ein Ende.

Eine junge Frau verliert ihren Mann kurz nach der Hochzeit. Gemeinsam hatten sie ein altes Bauernhaus gekauft, das sie umbauen wollten. Die Pläne sind vom Architekten schon gezeichnet. Die Ehefrau muss sich nun von diesem Vorhaben verabschieden. Ganz bewusst legt sie die Pläne zur Seite und sagt ihrem Mann: »Ohne dich will ich unsere gemeinsamen Pläne nicht verwirklichen. Darüber bin ich ungeheuer traurig.«

Wenn es beim Trauerprozess auch um einen Abschied geht, dann zum ganz großen Teil um den Abschied von dem, was wir gemeinsam als Zukunft vor uns hatten. Abschied heißt also Abschied von der gemeinsamen Zukunft, die wir nicht mehr erleben und gestalten dürfen. Das wird uns vom Tod genommen, und davon müssen wir Abschied nehmen. Das ist schmerzlich, und es ist schwer zu realisieren, dass das so ist. Es ist noch schwerer, dies ohne Verbitterung zu akzeptieren. Die Verbitterung, aber auch der Groll oder Neid auf andere, die das von uns Erhoffte mit ihrem Partner oder ihren Kindern noch erleben dürfen, erschweren eine gute innere Beziehung zu unserem geliebten Menschen und machen uns selbst das Leben schwer.

Was ich gerne noch mit dir erlebt hätte

Nehmen Sie sich Zeit und überlegen Sie, was Sie gerne noch mit Ihrem Angehörigen erlebt hätten, was Sie ihm gerne noch an Gutem getan hätten und was Sie beide noch bewerkstelligen wollten. Schreiben Sie diese Einfälle als Ergänzungen zu den folgenden Sätzen auf:

»Ich hätte gerne noch erlebt, dass wir oder dass ich mit dir …«

»Ich hätte gerne noch, wie von uns geplant, mit dir zusammen … durchgeführt/gemacht.«

»Ich hätte dir gerne noch gegeben/geschenkt/ermöglicht, dass du …«

Bei jedem neuen Einfall schreiben Sie einen der hier aufgeführten ersten Teilsätze und ergänzen ihn mit Ihrem Wunsch.

Bestimmte Dinge oder Unternehmungen waren oder wären für den Hinterbliebenen und den Verstorbenen so bedeutsam, dass es gut ist, diese – vielleicht ein letztes Mal – im Gedenken an den Verstorbenen und in innerer Verbindung mit ihm zu tun. So geht ein Vater noch einmal in das Fußballstadion und sieht sich in Liebe zu seinem Sohn und für ihn ein Fußballspiel des Lieblingsvereins seines Sohnes an.

Was ich für dich und mich doch noch mache

Überlegen Sie, was Sie ganz bewusst noch einmal für sich und Ihren geliebten Menschen erleben oder erledigen wollen. Sagen Sie sich dann, bevor Sie losgehen oder beginnen:

»Ich tue das für dich und für mich, für uns und unsere Beziehung. Ich nehme dich mit und erlebe es mit deinen Augen.«

Dann erleben oder erledigen Sie das, was Sie mit Ihrem Angehören gerne noch erfahren hätten. Sagen Sie sich dabei immer wieder:

»Ich erlebe das jetzt zusammen mit dir, mit deinen Augen und mit deinem Herzen. Das ist gut, und das ist traurig.«

Bringen Sie einen Gegenstand als »Souvenir« von dieser Unternehmung mit und legen Sie ihn dem Verstorbenen auf das Grab.

Es ist in Ordnung, wenn Sie dabei intensiv Ihre Trauer erleben, weil Sie in dem Augenblick Ihren geliebten Menschen gerne dabeihätten und weil Sie wissen, dass das nie mehr möglich ist.

Manchmal sind bestimmte Unternehmungen ohne den Verstorbenen nicht mehr zu realisieren. Dann ist es tröstlich, dies in der Fantasie zu erleben. Eine Mutter gesteht in Gesprächen, dass sie sich manchmal vorstellt, wie ihre verstorbene Tochter kirchlich heiratet. Bei dieser imaginativen Verwirklichung ist es wichtig, sich diese ganz offen zu erlauben und sich zugleich bewusst zu machen, dass dies nicht in der Realität geschieht.

Wenigstens in meinen Gedanken erlebe ich jetzt, was nicht mehr möglich ist

Laden Sie Ihren geliebten Menschen auf Ihre innere Bühne ein und sagen Sie zu ihm:

»Ich möchte gern mit dir das uns Wichtige jetzt in meinem Inneren erleben, und das ist in seiner Weise wirklich. Wie gerne hätte ich es ganz real mit dir in dieser Welt erlebt. Das ist nicht mehr möglich – und das ist unendlich traurig für mich und für dich. Es gibt jetzt nur eines, nämlich dass ich mit dir auf meiner inneren Bühne das uns Wichtige erlebe.«

Dann gestalten Sie auf Ihrer inneren Bühne das für Sie Wichtige oder lassen auf Ihrer inneren Bühne geschehen, was Ihre Seele jetzt geschehen lässt. Gehen Sie mit Ihrem Angehörigen noch einmal in Urlaub, spielen Sie mit ihm, lachen und weinen Sie mit ihm. Erleben Sie jetzt das, was Sie noch einmal mit Ihrem geliebten Menschen erleben wollen. Danach bedanken Sie sich bei ihm, verabschieden sich von ihm und nehmen die gerade gemeinsam erlebte Erfahrung mit in Ihr Leben.

Unser Schmerz und unsere Trauer zeigen uns, dass wir das Ungelebte in unserer konkret erfahrbaren Realität nicht mehr leben können. Es ist der äußeren Realität und damit unserer Trauer angemessen, wenn wir uns das immer wieder bewusst machen. Natürlich ist dies schmerzlich und traurig, aber es gehört zu unserer Wirklichkeit, dass wir vieles nicht mehr erleben dürfen.

Was nicht mehr möglich war, betrauere ich

Machen Sie sich bewusst, was Sie mit Ihrem Angehörigen nicht mehr erleben können, und sagen Sie ihm:

»Ich würde das so gerne mit dir noch einmal erleben. Und doch ist es uns nicht mehr möglich. Das ist traurig, unendlich traurig. Ich muss und möchte diese Realität allmählich akzeptieren. Dabei geht meine innere Beziehung in Liebe zu dir nicht verloren.«

»Was ich von dir übernehme, was ich dir zurückgebe«

Mit Aufträgen bewusst umgehen

Der fünfzigjährige, schwer krebskranke Vater ruft wenige Stunden vor seinem Tod seine älteste Tochter zu sich, um ihr noch wichtige Dinge über die eigene Firma zu sagen. Die Tochter soll in die Geschäftsführung der Firma einsteigen. Die Tochter spürt, dass sie die Geschäfte im Sinn des Vaters weiterführen soll, ohne dass er es direkt ausspricht. Gegen Ende des Gesprächs kommt der Vater auf die Familie zu sprechen und sagt abschließend: »Und du bist verantwortlich, dass ihr euch nicht zerstreitet.« Die Tochter nimmt diesen Auftrag zunächst an.

Ein Jahr nach dem Tod ihres Vaters beginnen erste Diskussionen in der Familie. Die älteste Tochter erkennt, dass sie mit dem Auftrag ihres Vaters überfordert ist und dass ihre Versuche, die Streitigkeiten einzudämmen, die Konflikte eher verschärfen. Sie weiß nun, dass sie diesen Auftrag ihres Vaters nicht umsetzen kann und sie an dieser Stelle noch etwas mit ihrem Vater zu klären hat.

Mit dem Auftrag, die Geschäfte des Vaters in seinem Sinn weiterzuführen, kommt die Tochter dagegen ganz gut zurecht. Es macht ihr Freude, die Sichtweise ihres Vaters in die Firma einzubringen. Mehr und mehr kann sie aber auch ihre eigenen Akzente in der Geschäftsführung setzen.

Viele Verstorbene hinterlassen den Nachlebenden solche Aufträge. Meist werden diese nicht direkt ausgesprochen, sondern stehen als Wunsch oder Anliegen im Raum. Nicht selten vermuten Hinterbliebene selbst solche Aufträge, die vom Verstorbenen gar nicht gewollt waren. In beiden Fällen – bei aufgegebenen oder vermuteten Aufträgen – übernehmen wir sie aus Liebe zum Verstorbenen. Wir fühlen uns verpflichtet, das auszuführen, was wir schon zu seinen Lebzeiten oder nun im Schmerz und in der Trauer gern übernommen haben.

Wenn wir dies mit liebevollem Einverständnis und in aller Freiheit tun können, sind solche Aufträge eine Chance für uns Hinterbliebene. Wir können noch etwas fortführen, was für den Verstorbenen nicht mehr möglich ist, und so in der Beziehung zu ihm bleiben. Die Aufträge können uns auch Inhalt und Lebenssinn geben in einer Situation, in der der Verstorbene eine große Leere in unserem Leben hinterlässt.

Es gibt aber auch Aufträge, die uns einengen, die uns festlegen oder überfordern. Versuchen wir, diese Aufträge gegen unsere eigenen Gefühle auszuführen, entsteht Widerstand und Groll gegen den Verstorbenen und damit eine Störung oder gar Blockade in der Beziehung zu ihm. Wir sollten dann in ein Gespräch mit dem Verstorbenen eintreten und ihn befragen, warum er uns diesen Auftrag mitgegeben hat. Wir können dann unsere Situation erklären und schließlich den Auftrag an den Verstorbenen zurückgeben. Ist dies zunächst nicht möglich, steht – wie im nächsten Abschnitt näher beschrieben – eine Auseinandersetzung an. Sind wir durch Aufträge zu sehr im eigenen Leben beschränkt und gelingt es uns nicht, diese zurückzugeben, dann ist dringend eine Psychotherapie anzuraten.

Ich prüfe deine Aufträge

Überlegen Sie die nachfolgenden Fragen. Am besten machen Sie sich dabei einige Notizen.

Welche Hoffnungen, Erwartungen und Wünsche hat der Verstorbene an mich?

Habe ich daraus eine bestimmte Aufgabe, die ich erfüllen will oder muss, abgeleitet?

Gibt es etwas, was ich aus mir heraus für meinen geliebten Menschen noch erledigen und fortführen will?

Gibt es unausgesprochene Wünsche und Aufträge? Gibt es ganz direkt ausgesprochene Aufgaben, die mir der Verstorbene gestellt hat?

Prüfen Sie zunächst für sich, ob die von Ihnen wahrgenommenen Aufgaben und Aufträge für den Verstorbenen stimmen: Ist es das, was er wirklich will, und stimmt das für seine Person? Sie können ihm diese Frage auch innerlich vorlegen. Sie werden dann intuitiv merken, ob Ihr geliebter Mensch das bejahen oder verneinen wird. Oft werden Sie die Antwort später in einem Einfall oder in einem Traum bekommen.

Prüfen Sie nun, ob die übernommenen oder selbst gestellten Aufträge für Sie stimmen. Stellen Sie sich vor, Ihr geliebter Mensch übergibt Ihnen seinen Auftrag als Gegenstand. Sehen Sie darin ein Geschenk, das Sie gerne und mit Freude annehmen? Oder übergibt Ihnen Ihr An gehöriger ein schweres Paket oder eine Last, die kaum zu tragen ist?

Stellen Sie sich probeweise vor, dass Sie seinen Auftrag ausführen. Was spüren Sie dabei? Sind das eher Empfindungen von Zustimmung, von Übereinstimmung, von Frieden und Erfüllung oder sind es Gefühle von Widerstand, Abwehr und Druck?

Spüren Sie beim Gedanken an den Auftrag Ihres Angehörigen eher ein Gefühl der Schwere, schwindet in Ihnen die Energie oder spüren Sie Widerstand? In diesem Fall sollten Sie in ein Klärungsgespräch mit Ihrem Verstorbenen eintreten. Ziel sollte es sein, dass Sie diesen Auftrag zurückgeben.

Ich möchte dir eindeutig, aber in Liebe deine Aufträge zurückgeben

Wenn Sie spüren, dass Sie einen Auftrag zurückgeben möchten, dann können Sie Ihren geliebten Menschen auf Ihre innere Bühne bitten, ihm entgegentreten und ihm dies sagen. Oder Sie können die Rückgabe in einem Brief formulieren und diesen auf das Grab legen. Vielleicht möchten Sie sich auch vorstellen, dass Sie Ihrem Angehörigen in einer inneren Begegnung gegenübertreten und ihm ein schweres Paket zurückgeben oder es ihm zu Füßen legen. Auf diesem Paket steht der Auftrag deutlich lesbar geschrieben.

Wie immer Sie sich die Rückgabe vorstellen möchten, sind dabei folgende Sätze hilfreich: »Ich merke, dass mir dein Auftrag nicht guttut. Er überfordert mich oder engt mich so sehr ein, dass ich nicht glücklich dabei werde. Und ich denke, dass auch dir das nicht recht wäre.

Du hattest deine guten Gründe für diesen Auftrag. Ich respektiere sie und versuche, dich darin zu verstehen. Letztlich entstand der Auftrag aus dir und deinem Leben heraus. Das achte ich, und ich achte dich, indem ich diesen Auftrag als Teil von dir und deinem Leben sehe.

Das gibt mir die Freiheit, diesen Auftrag an dich zurückzugeben. Ich tue das mit Klarheit, Entschiedenheit und mit Liebe zu dir. Damit gebe ich dir zurück, was zu dir gehört. Ich bleibe mit dir verbunden, weil ich einzig und allein in Liebe mit dir verbunden sein will.«

Wenn Hinterbliebene Aufträge und Aufgaben vom Verstorbenen gerne übernehmen, dann ist es wichtig, diese sehr bewusst und im inneren Gedenken an den Verstorbenen auszuführen. Das gibt uns Kraft zum Leben, auch ohne die äußere Anwesenheit des Verstorbenen, und lässt uns die innere Beziehung zu unserem geliebten Menschen intensiv spüren.

Und das will ich gern für dich erfüllen

Folgende Sätze können Ihnen Ihre Verbundenheit mit dem Verstorbenen über einen für Sie stimmigen Auftrag bewusst machen:

»Ich übernehme deinen Wunsch und dein Anliegen gerne als Auftrag, den ich für dich und mich erfüllen möchte. Ich tue das mit Zustimmung, mit Energie und Freude. Ich fühle mich dir bei der Ausführung des Auftrags nahe. Und wenn es mir gelingt, freue ich mich für dich und für mich.

Wenn der Auftrag erfüllt ist, bleibe ich über den Auftrag hinaus mit dir verbunden, weil ich nicht über Aufträge, sondern in Liebe mit dir verbunden bleibe.«

»Meine Liebe zu dir ist nicht blind«

Das Dunkle und Schwierige in der Beziehung zum Verstorbenen sehen

Bevor wir eine Beziehung, auch die zu unserem Verstorbenen, klären können, müssen wir sehr realistisch sehen, was zwischen uns schwierig, belastend und konfliktträchtig ist. Am Beginn unseres Trauer- und Liebesweges können wir das nicht sehen. Wir müssen – und auch das tun wir aus Liebe – den Verstorbenen und damit unsere Beziehung idealer, besser und glücklicher sehen, als sie war. In dieser Phase geht es unserer Seele nur und ausschließlich darum, die innere Beziehung zu unserem geliebten Menschen zu finden und einzurichten. Erst wenn wir für unseren Verstorbenen einen sicheren Ort gefunden haben und ihn in der Beziehung zu uns als bewahrt erleben, können wir uns den Schattenseiten des anderen und unserer Beziehung zuwenden. Jetzt hält die neu gefundene innere Beziehung zum Verstorbenen dies auch aus.

Was ich als schwierig zwischen uns empfinde
Führen Sie sich die Beziehung zu Ihrem Angehörigen und ihn selbst noch einmal vor Augen und stellen Sie sich folgende Fragen:

Worüber habe ich mich bei ihm geärgert, wo hat er mich immer wieder gereizt, wo habe ich mich an ihm gerieben, manchmal sogar aufgerieben? Welche Eigenschaften von ihm waren es, mit denen ich es schwer hatte und die manchmal nur mit Mühe auszuhalten waren? Bei welchen Themen haben wir uns gestritten und zerstritten, welche Themen konnten wir gar nicht ansprechen oder waren ein Tabu und bei welchen Themen haben wir beide schon resigniert? Wo empfinde ich Enttäuschungen, Verletzungen, Kränkungen, die mir der andere zugefügt hat? Notieren Sie sich Ihre Einfälle.

Lassen Sie sie dann einige Tage ruhen, ordnen Sie sie und schauen Sie, was Sie Ihrem Angehörigen sagen möchten. Sie werden entdecken, dass manche Schwierigkeiten durch das Niederschreiben und Ordnen schon nicht mehr so schwer wiegen, anderes wiederum möchten Sie unbedingt gegenüber Ihrem Angehörigen vorbringen.

IMAGINATION

Ich sage dir, was ich als schwierig zwischen uns erlebte

Treten Sie Ihrem geliebten Menschen auf Ihrer inneren Bühne entgegen. Begrüßen Sie ihn mit Achtung. Lösen Sie sich dabei von Ihren Urteilen, Beurteilungen und Vorwürfen. Wenn Sie Verletzung oder Wut spüren, dann lassen Sie diese Gefühle in sich zu und formulieren Sie sie mit Respekt gegenüber Ihrem Verstorbenen. Schauen Sie hinter die Fehler, hinter das Versagen und hinter die Schwächen Ihres geliebten Menschen und erlauben Sie sich, die Würde und das Besondere Ihres geliebten Menschen zu sehen. Und nun sagen Sie ihm folgende Sätze, die Sie entsprechend Ihren eigenen Erfahrungen mit Ihrem Angehörigen ergänzen:

»Ich möchte dir sagen, wo ich enttäuscht und verletzt bin von dir, wo ich wütend und zornig bin. Ich nehme diese Gefühle zu mir, es sind meine Gefühle. Nachdem ich sie dir gegenüber ausgesprochen habe, kann ich sie vergehen lassen.

Ich möchte dir sagen, an welchen Stellen ich es schwer hatte mit dir. Und indem ich es jetzt so klar ausspreche, will ich es so lassen und bei dir lassen. Es tut mir gut, dir gegenüber so klar und ehrlich zu sein. Und ich schaue dich mit Achtung und Liebe an.«

Der Verstorbene hat aber auch unter unseren eigenen schwierigen Seiten gelitten. Wir haben ihm ebenfalls Enttäuschungen, Verletzungen und Kränkungen zugefügt und zugemutet, die noch ungeklärt in der Beziehung zum Verstorbenen stehen. Oft sind es auch Verletzungen, Konflikte und Schwierigkeiten, von denen wir nichts wissen. Deshalb ist es wichtig, dass die Hinterbliebenen sich diese in einem inneren Hören vom Verstorbenen sagen lassen.

IMAGINATION

Ich höre, was du als schwierig zwischen uns erlebtest

Lassen Sie Ihren geliebten Menschen vor Ihrem inneren Auge erscheinen und laden Sie ihn ein, alles zu sagen, was für ihn an Ihnen und der gemeinsamen Beziehung schwierig war. Hören Sie offen und genau zu, was Ihnen Ihr Angehöriger zu sagen hat.

Lassen Sie Ihre bisherigen Gegenargumente beiseite. Wenn bei Ihnen Gefühle des Ärgers oder der Verletzung entstehen, dann lassen Sie sie in sich zu und wieder vergehen, während Sie aufmerksam Ihrem Verstorbenen zuhören. Atmen Sie tief ein, während Sie zuhören. Sie wissen, Ihr geliebter Mensch hat für sich Recht, und er wird angesichts seines Todes seinerseits mit aller Vorsicht und Behutsamkeit seine Dinge vorbringen. Hören Sie genau auf die Wahrheit hinter dem, was Ihr geliebter Mensch Ihnen mitteilt. Lassen Sie es als seine Wahrheit gelten und schauen Sie ihn mit Liebe an. Antworten Sie dann:

»Ich höre, was für dich schwierig war, und ich kann es so gelten lassen. Angesichts des Todes kann ich es so stehen lassen. Danke für deine wichtige Mitteilung. Sie hilft mir, dich zu verstehen und dich so zu lieben, wie du bist. Wenn ich etwas noch nicht verstehe, kann ich es so lassen, weil es für mich letztlich nicht mehr wichtig ist.«

Wenn beide – der Hinterbliebene und der Verstorbene – die dunklen Seiten des jeweils anderen und der Beziehung klar und ehrlich sehen und sie mit Achtung vor dem anderen benennen, dann ist die wesentliche Grundlage für eine Klärung der Beziehungsstörungen bereitet.

»Streiten will ich mit dir, bis alles geklärt ist«

Offene Konflikte austragen und schließlich lösen

Was wir als schwierig zwischen uns und unserem Angehörigen erlebten, ist auch Ausdruck unserer Unterschiedlichkeit und Differenzen, die es zwischen uns gab. Sie gehören zu jeder Beziehung. Oft wurden sie nie ganz ausgetragen und ausdiskutiert und können sich dann zu einem trennenden Graben ausweiten. Das aber will unsere Liebe angesichts der Trennung durch den Tod nicht. Die Liebe, die die Kraft zur Verbindung ist, will Trennendes überwinden. Dies kann gelingen, wenn wir die Differenzen zwischen uns benennen und sie in einer offenen Auseinandersetzung überwinden. Ganz besonders schwierig ist dies, wenn unausgetragene Konflikte in einem Zusammenhang mit dem Tod des geliebten Menschen stehen.

Der sechzehnjährige Sohn hatte seine Eltern mit seiner Drohung der Schulverweigerung so unter Druck gesetzt, dass diese bereit waren, ihm ein Moped zu kaufen. Einige Monate später verunglückte er tödlich mit diesem Moped. Die Eltern spüren einen ungeheuren Groll auf ihren Sohn, wegen ihrer Nachgiebigkeit aber auch auf sich selbst. Diese gebremste Wut über den nicht ausgetragenen Konflikt verhindert nun, dass die Eltern ihre Trauer, aber auch ihre Liebe zu ihrem verstorbenen Sohn leben können.

Konflikte müssen also ausdiskutiert und abgeschlossen werden, auch und gerade mit dem Verstorbenen. Der Konflikt muss gelöst werden, und zwar so, dass weder ich mich als Trauernder noch der Verstorbene sich anpasst oder kleinmacht. Erst dann kann er in Frieden ruhen, und ich kann ihm mit dem Gefühl der Versöhnung begegnen. Und erst dann wird eine störungsfreie Beziehung in Liebe möglich.

Deshalb ist das innere Konfliktgespräch mit dem Verstorbenen nötig. Hier sollten noch einmal beide Standpunkte beschrieben werden und die Hintergründe für die unterschiedlichen Positionen von beiden verstanden werden. Erst wenn ich den anderen und mich in den tiefer liegenden Motiven verstehe, kann ich meine Position verlassen und auf den anderen zugehen. Vielleicht fällt uns das auch leichter angesichts der Gefahr, dass unsere innere Beziehung gestört wird und wir uns verloren gehen.

IMAGINATION

Unseren Konflikt tragen wir gemeinsam aus

Begegnen Sie Ihrem geliebten Menschen auf Ihrer inneren Bühne oder im inneren Dialog und erklären Sie ihm:

»Ich möchte klären, was zwischen uns steht und welche Gefühle, welche offenen Rechnungen, welche ungeklärten Differenzen uns gegeneinander aufbringen. Ich sage dir meine Sicht der Dinge und ich weiß, dass sie einseitig ist. Ich sage dir meine enttäuschten oder gekränkten Gefühle und ich weiß, dass sie zu mir gehören. Ich benenne meine Gründe für meine Sicht, und auch da weiß ich, dass sie einseitig sind.«

Dann bringen Sie Ihre Position klar, eindeutig und mit Achtung für Ihren geliebten Menschen vor.

Nun bitten Sie Ihren Angehörigen, seine Position vorzutragen, die dazugehörigen Gefühle und die für ihn wichtigen Hintergründe zu beschreiben. Sie hören zu und lassen es auf sich wirken, ohne sich sofort zu verteidigen. Versuchen Sie, in die Position Ihres geliebten Menschen zu gehen und den gemeinsamen Konflikt aus seiner Sicht zu sehen.

Dann gehen Sie wieder in Ihre eigene Position und lassen alles auf sich wirken. Es ist gut, wenn Sie später, vielleicht erst in einigen Tagen, weiterreden. Ihr Unbewusstes wird bis dahin eigenständig im Gespräch mit Ihrem geliebten Menschen bleiben und schon erste Lösungen oder Kompromisse vorbereiten.

IMAGINATION

Wir gehen aufeinander zu – in kleinen Schritten und probeweise

Begegnen Sie wieder Ihrem geliebten Menschen, nachdem Sie beide die eigenen Positionen benannt haben. Lauschen Sie noch einmal, insbesondere dem, was Sie von Ihrem Angehörigen und dessen Sicht des Konfliktes verstanden haben. Dann machen Sie sich innerlich bereit, ein Stück auf ihn zuzugehen. Zunächst nur zur Probe, Sie können jederzeit auf Ihre alte Position zurückkehren. Sprechen Sie jetzt Ihren geliebten Menschen an:

»Ich möchte meine Position verlassen und auf dich zugehen. Ich möchte das erproben und schauen, wie es mir dabei geht. Wenn ich auf dich zugehe, gebe ich meine Position ein Stück weit auf und komme dir entgegen. Ich tue dies gern – aus Einsicht und aus Liebe. Ich lade dich ein, ebenfalls ein Stück und probeweise auf mich zuzugehen. Lass uns schauen, ob unsere Schritte genügen, um uns die Hand zu reichen oder uns in die Arme zu nehmen und den Streit zwischen uns zu begraben.«

Lassen Sie nun in Ihrem inneren Bild geschehen, was geschieht. Sie werden merken, dass es Ihnen beiden leichtfällt, aufeinander zuzugehen und den Streit zu befrieden.

Wenn dies nicht gelingt, sollten Sie beide wieder auf Ihre Positionen zurückgehen und den Prozess später von Neuem beginnen. Lassen Sie sich Zeit dazu. In Ihrem Unbewussten geht der Lösungsprozess auch ohne bewusstes Zutun weiter. Ihre Liebe zum Verstorbenen arbeitet ebenso daran wie die Liebe des Verstorbenen. Vertrauen Sie auf diese unbewussten Prozesse.

»Versöhnung soll am Ende zwischen uns sein«

Versöhnung als Ziel der Klärungsprozesse

Nicht nur Konflikte, sondern auch Schuld kann unsere Beziehung zum Verstorbenen blockieren oder gefährden.

Ein Vater hatte seinen zwölfjährigen Sohn nach einem Diebstahl in einem Kaufhaus in seiner Enttäuschung und seinem Zorn heftig geschlagen. Schon damals hatte es dem Vater kurz danach sehr leidgetan. Immer schon wollte er sich dafür bei seinem Sohn entschuldigen. Doch nach dessen Unfalltod mit einundzwanzig Jahren war es dafür zu spät. Eine Mutter verlor ihren dreißigjährigen Sohn nach langer Drogenkarriere. Immer wieder hatte er sie ausgenutzt, ihr Geld gestohlen und sie betrogen, um seine Drogen zu finanzieren. Damals hatte die Mutter dies immer wieder mit seiner Suchterkrankung entschuldigt und ihre eigenen Gefühle von Enttäuschung und Betrogensein beiseitegeschoben. Nach seinem Tod stand ihre Trauer im Zentrum ihres Lebens. Erst zwei Jahre danach stiegen massiv die Gefühle der Enttäuschung in ihr auf. Sie konnte das Grab ihres Sohnes nicht mehr besuchen, zu sehr war sie in ihrem Groll gegenüber ihrem Sohn gefangen.

Damit die Liebe wieder fließen kann, ist ein Versöhnungsprozess nötig, in den beide – der Hinterbliebene und der Verstorbene – eintreten müssen. Versöhnung heißt dann auch, dass wir die blockierenden Gefühle wie Enttäuschung, Zorn, Groll und Rachegefühle aufgeben und stattdessen die neu gewonnene Nähe zulassen können.

IMAGINATION

Ich bitte dich um Verzeihung

Spüren Sie nach, wo die Beziehung zu Ihrem geliebten Menschen durch Sie mit Schuld belastet ist. Wo haben Sie ihn enttäuscht, verletzt und gekränkt? Nehmen Sie die wichtigsten Punkte, für die Sie sich noch nicht entschuldigt haben, und formulieren Sie diese in einem Satz:

»Ich stehe in der Schuld bei dir, weil ich … (zum Beispiel: dich immer wieder abgewertet habe).«

Treten Sie Ihrem geliebten Menschen dann gegenüber:

»Ich möchte dir sagen, wo ich dir gegenüber noch in der Schuld bin. Ich stehe in der Schuld bei dir, weil ich …« Nachdem Sie dies vorgebracht haben, bitten Sie Ihren geliebten Menschen um Entschuldigung:

»Und dafür möchte ich dich um Verzeihung bitten.«

Schauen Sie, wie Ihr geliebter Mensch reagiert. Lassen Sie geschehen, was geschieht. Eine Reaktion kann auch erst nach einiger Zeit erfolgen. In einem plötzlich auftauchenden Bild oder in einem Traum wird Ihnen Ihr geliebter Mensch verzeihen. Vielleicht erleben Sie auch erst später und allmählich ein Gefühl der Befreiung oder erkennen erst beim späteren Nachdenken über Ihre Beziehung, dass sich in Ihnen die Versöhnung mit dem Angehörigen ereignet hat.

IMAGINATION

Da brauche ich noch eine Entschuldigung von dir

Spüren Sie nach, wo Sie dem Verstorbenen gegenüber noch Groll, Bitterkeit oder Unversöhnlichkeit hegen. Was werfen Sie ihm offen oder eher unterschwellig vor? Welches Versagen und welche Schuld rechnen Sie ihm noch an, für die Sie eine Klärung brauchen, weil Sie spüren, dass hier Ihre Nähe und Liebe gestört ist?

Nehmen Sie die wichtigsten Vorwürfe, die für Sie noch offen sind, und formulieren Sie sie mit: »Du stehst noch in meiner Schuld, weil du …«

Treten Sie Ihrem geliebten Menschen gegenüber und sagen Sie ihm:

»Ich möchte dir sagen, wo du mir gegenüber noch in der Schuld stehst und was für mich noch nicht bereinigt ist.« Nachdem Sie ihm Ihre Punkte genannt haben, bitten Sie ihn um seine Entschuldigung: »Hier brauche ich von dir eine Entschuldigung, und dann kann ich es gut sein lassen.«

Sie schauen, ob Ihr geliebter Mensch Ihrem Wunsch nachkommt. In den allermeisten Fällen wird er Ihnen seine Entschuldigung mit großer Gelassenheit und Heiterkeit geben. Vielleicht spüren Sie erst später oder im Nachhinein, dass Ihr Groll oder Ihre Bitterkeit einfach dahinschmilzt, und Sie merken, dass sich zwischen Ihnen und Ihrem geliebten Menschen etwas Trennendes gelöst hat.

Es gibt so schwer belastete Beziehungen, dass eine Versöhnung zwischen Hinterbliebenen und Verstorbenen gegenwärtig nicht möglich ist. Manchmal ist es auch eine einzelne schwerwiegende Verletzung oder eine besonders schwere Tat, für die es kein Verzeihen gibt.

Dann müssen wir wenigstens diese schwere Blockade und die Unmöglichkeit des Verzeihens benennen.

IMAGINATION

Wenn Versöhnung nicht möglich ist

Treten Sie Ihrem Verstorbenen aufrecht gegenüber und schauen Sie ihn offen und direkt an :

»Es steht so viel oder so Schweres zwischen uns. Wir können uns zurzeit nicht versöhnen. Das ist traurig und schade und doch ist es jetzt so. Wir lassen es jetzt so stehen. Vielleicht gelingt uns später das Verzeihen, vielleicht hilft uns dabei die Zeit, die Liebe oder Gott. Jetzt schauen wir, wie und wie weit wir dennoch unsere Beziehung leben können.«

Ich möchte hier ausdrücklich darauf hinweisen, dass Klärungsprozesse mit einem gewalttätigen oder sexuell missbrauchenden Verstorbenen unbedingt einer psychotherapeutischen Begleitung bedürfen. Hier sollte auch eine Versöhnung nicht direkt angestrebt werden. Vielmehr steht zunächst eine Stabilisierung mit den Methoden der Traumatherapie (vgl. Luise Reddemann, Imagination als heilsame Kraft, 2001) im Vordergrund.

»Und trotz allem haben wir uns geliebt«

Ein versöhnlicher und wohlwollender Blick auf die Beziehung zum Verstorbenen

Gelungene Versöhnungsarbeit führt dazu, dass wir uns, unsere Beziehung und unsere gemeinsame Geschichte liebevoll anschauen können. Dabei bleibt schwierig und schwer, was schwierig und schwer war – aber mit gnädigen Augen angeschaut, verliert es seine Schärfe und Härte. Zunehmend wird das in den Vordergrund treten, was uns beiden an der Beziehung wichtig war, was gelungen und verbindend war. Die Liebe macht unseren Blick weich und weit. Und nur aus und in der Liebe sollten wir unsere gemeinsame Geschichte und Beziehung betrachten.

IMAGINATION

Mit Liebe schaue ich unsere Beziehung an

Am Ende dieses Kapitels möchte ich Ihnen ein Bild anbieten, das Sie immer bei sich tragen können. Stellen Sie sich vor, dass Sie zusammen mit Ihrem geliebten Menschen auf einer Anhöhe, einem Hügel oder einem Berg auf einer Bank sitzen. Sie schauen gemeinsam auf Ihre Beziehungsgeschichte, die mit ihren verschiedensten Phasen und Abschnitten vor Ihren Füßen wie eine Perlenkette aufgereiht ist. Sie sehen das Schöne und Gelungene, das Schwierige und Misslungene. Im Licht der untergehenden Abendsonne liegt Ihre Beziehung vor Ihnen in einem milden Glanz. Dann sagen Sie zu sich und Ihrem geliebten Menschen:

»Es war und ist gut mit uns beiden.«

Und im Augenwinkel sehen Sie, wie Ihnen Ihr geliebter Mensch nickend zustimmt.

Kapitel 11

In meiner Liebe lebst du weiter

Wenn ihr mich sucht,
sucht mich in euren Herzen.
Hab ich dort eine Bleibe gefunden,
bin ich immer bei euch.
Antoine de Saint-Exupéry

»Du bleibst ein Teil von mir«

Die Liebe verinnerlicht den Verstorbenen

Der Verstorbene ist schon immer ein Teil von mir. Er gehört so zu mir wie etwa der Aspekt meiner Lebendigkeit, meiner Traurigkeit, meiner Schüchternheit oder andere tief verankerte Persönlichkeitsanteile. Der Verstorbene ist integrativer Teil meiner Persönlichkeit. Aus der Hirnforschung wissen wir heute, dass die Beziehungserfahrungen mit dem für uns wichtigen Menschen tief im sogenannten limbischen System, also in unserem »Fühlhirn« eingraviert sind, sodass sie nicht mehr verloren gehen können.

Im Verlust erleben wir aber zunächst, dass genau dieser Teil aus uns herausgerissen wird. Und dieses Erleben ist zunächst richtig, müssen wir doch angesichts der Abwesenheit des Angehörigen fürchten, dass nun alles »aus und vorbei« ist. Deshalb müssen wir uns nach dem Tod wieder bewusst machen, dass der Angehörige auch weiterhin ein Teil von uns ist und bleibt. Wir müssen ihn nun noch einmal – aber nun ganz bewusst – nach innen nehmen. Die Liebe macht uns deutlich, dass der Verstorbene zu uns als unauslöschlicher Teil gehört.

IMAGINATION

Ich spüre, wie du ein Teil von mir bist

Lassen Sie in sich auf Ihrer inneren Bühne die Vorstellung entstehen, dass Ihr verstorbener Angehöriger in einiger Entfernung vor Ihnen steht. Er kommt dann mit ausgebreiteten Armen langsam auf Sie zu. Sie fallen sich in die Arme. Sie spüren ganz intensiv Ihren geliebten Menschen in Ihren Armen und an Ihrem Körper. Zu Ihrer Überraschung kommt Ihr geliebter Mensch Ihnen so nahe, dass Sie Ihre Körpergrenzen öffnen und er sich ganz leicht in Ihren Körper hineinbewegt. Sie lassen diese überraschende und doch stimmige Erfahrung geschehen. Sie nehmen Ihren geliebten Menschen nun ganz bewusst in Ihr Inneres hinein und lassen ihn sich in Ihnen ausdehnen. Lassen Sie diese Erfahrung einfach mit sich geschehen, ganz wie es für Sie stimmt.

Diese Erfahrung ist eigentlich nichts Außergewöhnliches, ist Ihr Angehöriger doch schon immer ein innerer Teil Ihrer selbst. Es tut aber gut, den geliebten Menschen noch einmal bildlich in das eigene Innere hineinzunehmen, nachdem der Tod ihn in der äußeren Realität weggerissen hat. Es ist tröstlich, ganz bewusst wahrzunehmen, dass Ihr geliebter Mensch ein Teil von Ihnen ist.

»Meine Liebe trägt in sich das Bild von dir«

Die Liebe als Imagination des Urbildes

Unsere Liebe trägt das Bild des geliebten Menschen in sich. Bei einem Liebespartner haben wir Aspekte dieses Bildes schon vor dem Kennenlernen in uns. Aus diesem schon immer vorhandenen Sehnsuchtsbild heraus verlieben wir uns. Im Lauf der gemeinsamen Liebesgeschichte vertieft sich dieses Bild des anderen in uns unauslöschlich. Bei Kindern, die wir mit der Geburt empfangen, entwickelt sich unser inneres Bild von ihnen mit deren Entwicklung. Wir tragen also tief in uns und in unserer Liebe das Bild des anderen. Dazu bedarf es eigentlich keiner äußeren Bilder oder Fotografien, weil unsere Liebe den geliebten Menschen immer schon gesehen und gekannt hat. Der andere ist in unsere Liebe eingepflanzt und als Bild eingeprägt, sodass auch umgekehrt unsere Liebe geprägt und geformt ist vom Bild des geliebten Menschen.

Dieses Bild ist mehr als ein Erinnerungsbild. Es ist ein Bild, das dem anderen so nahe kommt, dass wir es eigentlich nicht mehr trennen können von dem Gegenüber des geliebten Menschen. In diesem Ur-Bild lebt der Verstorbene in uns.

Ich schaue dich mit Liebe an
Lassen Sie ein inneres Bild von Ihrem Angehörigen entstehen. Geben Sie diesem Bild einen goldenen Rahmen. Sagen Sie dann zu Ihrem geliebten Menschen:
»Ich schaue dich mit Liebe an, und ich liebe dich.«

Du schaust mich mit Liebe an
Lassen Sie nun umgekehrt den Blick Ihres lieben Menschen auf sich wirken. Spüren Sie die Kraft seiner Liebe und sagen Sie dann:
»Du schaust mich mit Liebe an, und ich bin von dir geliebt.«

»Im Geist meiner Liebe bewahre ich dich«

Die Liebe zum Verstorbenen ist eine geistige Kraft

Mit der Erfahrung des Verlustes wird uns traurig bewusst, dass wir die Liebe nicht mehr körperlich ausdrücken können. Wie gerne würden wir unsere Liebe auch körperlich, leibhaftig verwirklichen. Nicht nur weil dies unendlich schön wäre, sondern weil wir damit unsere Liebe immer wieder konkretisieren, stärken und vertiefen. Viele Hinterbliebene fragen sich auch, wie sie ihre Liebe bewahren können, wenn die leibhaftige Wiederholung und Vergewisserung der Liebe nicht mehr möglich ist. Verliert sich dann nicht unsere Liebe, verfliegt sie dann nicht? Diese Gefahr ist nicht von der Hand zu weisen. Wie viele unerfüllte Lieben haben sich nicht irgendwann in Luft aufgelöst, sind gestorben oder einfach durch andere ersetzt worden?

Im Verlust müssen wir mehr denn je lernen, dass die Liebe auch und vor allem eine geistige Kraft ist. Die geistige Seite der Liebe ist dabei nicht weniger wert, nur weil sie nicht mehr so konkret ist. Und doch erscheint sie uns vielleicht als nicht so verlässlich und stark. Vielleicht sind wir auch nicht geübt, die Liebe geistig und innerlich zu leben und zu bewahren.

Wir können uns aber bewusst machen, dass die Liebe nicht nur körperlich, sondern immer schon geistig, also in Vorstellungen, im Traum und in der Fantasie gelebt wird. Ich kann den anderen in meinen Gedanken wertschätzen, an ihn mit Liebe denken und ihm im Geist nahe und verbunden sein. Dazu braucht es keine Worte und keine Berührung. Diese Möglichkeit, dem geliebten Menschen in Gedanken nahe zu sein, bleibt als Möglichkeit der Liebe auch im Verlust erhalten.

Ich denke an dich mit Gedanken der Liebe
Es fällt schwer, in der Trauer an etwas Leichtes, Schwebendes oder Geistiges zu denken. Vermutlich wird Ihnen diese kleine Übung erst später klarmachen können, dass unsere Liebe auch etwas Geistiges, aber dabei nicht weniger Verbindliches ist. Vielleicht können Sie sich nur zur Probe auf folgende Bilder einlassen.

Es könnte ein Bild von federweißen und leichten Wolken sein, die locker am Himmel stehen. Es könnte ein feines Spinnennetz sein, das im Wind hin und her schwingt. Es könnte eine Vogelfeder sein, die vom Wind mit Leichtigkeit emporgeweht wird, so wie folgende Gedanken von Ihnen einfach nur gedacht sein wollen, nicht mehr und nicht weniger:

»Ich denke an dich mit Liebe.«
»Ich denke an dich in Verbundenheit.«
»Ich denke an dich mit Zuneigung.«
»Ich denke an dich mit Zärtlichkeit.«

Wenn Trauernde sich der inneren Beziehung zum Verstorbenen ganz sicher sind, können sie ihre Bindung auf der gedanklichen und geistigen Ebene nicht nur zulassen, sondern auch als etwas Befreiendes und zugleich Verbindliches erleben. Dabei schwingt der Geist der Freiheit mit. Und auch das müssen wir als Trauernde lernen: Die Liebe zum Verstorbenen lebt auch aus der Freiheit. Der Verstorbene ist frei an seinem sicheren Ort – wir können das zulassen, weil wir in einer sicheren inneren Beziehung zu ihm stehen.

»Mein Herz ist ein Raum für dich«

Der Innenraum der Seele als sicherer Ort

Unsere Seele ist in den tiefen Schichten des Unbewussten ein sicherer Raum für den geliebten Menschen. In den sogenannten archetypischen Schichten der Seele sind die für uns wichtigen Menschen zu Hause. In diesen Bereichen ist es nicht wichtig, ob ein Mensch lebt oder tot ist. Entscheidend ist, ob er geliebt oder gehasst wird. Als Geliebter ist er in den tiefen Seelenräumen ein lebendiges Gegenüber. Auch wenn ich einen Menschen hasse, ist er in meiner Seele präsent, allerdings als »Störfaktor«, mit dem ich im Streit liege. Entscheidend für das Überleben eines Menschen in der Tiefe meiner Seele sind also meine Gefühle, die ich ihm gegenüber habe. Gibt es keine Gefühle mehr für einen Menschen, verblasst er allmählich und stirbt in mir.

Die Liebe gibt also dem Verstorbenen das Wohnrecht und die Lebendigkeit in meiner Seele. Umgekehrt bewirkt der mir so wichtige Mensch in mir die Liebe, weil er mich in meinem tiefsten Inneren immer wieder aufs Neue berührt und meine Liebe wachruft.

Mein seelischer Innenraum für dich

Welches Symbol stimmt für den Innenraum Ihrer Seele, in dem Ihr geliebter Mensch verweilen, leben und ruhen kann? Ist es ein großes geräumiges oder eher ein kleines gemütliches Haus? Ist es eher ein Schloss oder ein großer sakraler Raum, der einer Kirche oder einem Tempel gleicht? Ist mein seelischer Innenraum eher wie ein Nest, wie ein großes luftiges Kissen aus Licht, wie eine ausladende Baumkrone, wie ein kühlender Schatten unter einem Baum, wie eine in einer Höhle liegende Schatzkammer oder wie ein ganz anders aussehender Raum?

Lassen Sie Ihr Unbewusstes auf die Suche nach einem Bild für Ihren sicheren seelischen Innenraum gehen. Es werden in Ihnen verschiedene Bilder aufsteigen. Suchen Sie jenes für sich aus, das für Sie und Ihren geliebten Menschen stimmt.

Wenn Sie zunächst kein eigenes Bild für den Innenraum Ihrer Seele finden, können Sie auch ein uraltes archetypisches Bild wie das des Hauses aufgreifen.

IMAGINATION

Im Haus meiner Seele

Beginnen Sie mit der Überlegung, in welchem Haus Ihr geliebter Mensch am liebsten wohnen würde. Sie werden rasch erste Einfälle und Bilder finden, die Ihnen ein Haus oder eine Wohnung vor Ihr inneres Auge malen.

Ist es ein geräumiges, helles Haus, in dem man sich großzügig und frei bewegen kann? Ist es eher ein kleines, gemütliches Haus, in dem man sich sofort heimisch und geborgen fühlt? Ist es ein Stein- oder Holzhaus? Gibt es viele Fenster, viele Zimmer oder genügt ein großer Raum in diesem Haus?

In welchem Haus wird sich Ihr geliebter Mensch wohlfühlen, und welches Haus könnte Ihr eigenes werden? Beides ist wichtig. Bauen Sie das Haus in Ihrer Vorstellung ganz plastisch aus und prüfen Sie, wie es sich als Raum für Ihren geliebten

Menschen und für Sie selbst anfühlt. Gestalten Sie die Räume und die Inneneinrichtung. Sie sind bei der Gestaltung ganz frei, folgen Sie dabei Ihrem Gefühl. Wie immer das Innere des Hauses aussehen wird, fühlen Sie es als Ihren Innenraum für Ihren geliebten Menschen.

Und wie von selbst wird er sich in diesem Innenraum einfinden. Er wird da sein als Ihr Gegenüber, und Sie werden spüren, wie sicher und geborgen er sich in Ihrem Haus der Seele fühlt. Sie können nun Ihrem Angehörigen sagen:

»Du wohnst in mir, und du kannst da bleiben, und darüber freue ich mich.«

»Du kommst zur Ruhe in mir, und du darfst in mir ruhen, und darüber freue ich mich.«

»Du lebst in mir, und darüber freue ich mich.«

Sie selbst fühlen sich in Ihrem Innenraum ganz erfüllt, weil Ihr geliebter Mensch in Ihnen sicher wohnen kann.

Ein anderes uraltes Symbol für den seelischen Liebesraum ist das Herz. Dieses Symbol ist in vielen Liebesliedern und Liebesgeschichten besungen und beschrieben worden, oft so sentimental, dass es für viele kein ansprechendes Symbol mehr ist. Wenn wir es aber vom Kitsch befreien und genauer hinspüren, dann kann das Herz für die Hinterbliebenen der Spürraum für den Verstorbenen sein. Das Herz ist physiologisch das Energiezentrum unserer Lebendigkeit. Durch seinen Puls spüren wir unmittelbar, dass wir leben. Können wir unseren Angehörigen in dieses pulsierende Zentrum hineinnehmen, können wir spüren, dass er lebt. Zugleich ist das Herz auch das Spürorgan für unsere Liebe und der Wohnraum für den Geliebten. Deshalb möchte ich Sie in der nächsten Übung einladen, im Spüren Ihres Herzens Ihre Liebe zu Ihrem Verstorbenen ganz nahe, mit jedem Pulsschlag wahrzunehmen.

Dich in meinem Herzen spüren
Legen Sie Ihre Hand auf Ihr Herz. Lassen Sie über Ihre Hand Wärme in Ihr Herz strömen. Nehmen Sie unter Ihrer Hand und in Ihrem Brustraum wahr, wie Ihr Herz schlägt, gleichmäßig und ruhig.

Wenn Sie an Ihren geliebten Menschen denken, spüren Sie vielleicht auch Ihren Schmerz. Es tut weh, dass er nicht mehr lebt. Und deshalb ist das Gefühl des Schmerzes in Ihrem Herzen ganz verständlich und in Ordnung. Dieser Liebesschmerz darf jetzt einfach da sein.

Wenn Sie möchten, können Sie dann einen Schritt weitergehen und sich Ihr Herz als Raum vorstellen, in dem Sie die Liebe zu Ihrem Angehörigen spüren und in den Sie ihn jetzt einladen möchten.

Stellen Sie sich vor, dass Ihr Herz weit wird, dass sich die Türen Ihres Herzens öffnen und Ihr Herz wie von einem leichtem Wind durchweht wird. Es wird zu einem Raum für Ihren geliebten Menschen – ein Raum, in dem Ihnen Ihr geliebter Mensch jetzt nahe ist. Sie spüren seine Nähe mit jedem Pulsschlag Ihres Herzens. Im Pulsieren Ihres Herzens lebt Ihr geliebter Mensch mit Ihnen und in Ihnen. Wenn Sie das wahrnehmen, schlägt Ihr Herz vielleicht ein wenig schneller und aufgeregter, weil Sie die Liebe intensiver spüren. Vielleicht wird aber der Rhythmus Ihres Herzschlages ruhiger, weil Sie Ihren geliebten Menschen sicher in Ihrem Herzen geborgen wissen. Wie Ihr Herzschlag Sie immer begleitet – auch wenn Sie es nicht zu jedem Zeitpunkt bewusst erleben –, so ist Ihr Angehöriger ganz sicher und stets in Ihrem Herzen präsent, mit jedem Pulsschlag.

Mit diesem Wissen lösen Sie langsam Ihre Hand von Ihrem Herzen und spüren noch im Nachklang, wie kontinuierlich und gleichmäßig Ihr Herz schlägt.

»Meine Liebe lässt dich in mir leben«

Die Liebe als sicherer Beziehungsort

Die Liebe selbst ist ein sicherer Ort für den Verstorbenen. Im Lieben lebt der geliebte Mensch in mir weiter. Indem ich den anderen liebe, entsteht er in mir. Die Liebe hat die kreative Kraft, die auch gegen die Vernichtung des Todes in mir den geliebten Menschen erschafft. Das Einzige, was ich zu tun habe, ist, der Liebe den Raum für ihre Kreativität zu lassen. Mein geliebter Mensch wird aus meiner Liebe heraus geboren, er kommt mit meiner Liebe ins Dasein. In meiner Liebe ist er präsent.

Man könnte in Abwandlung des bekannten Augustinwortes »Liebe, und tue, was du willst« sagen: »Liebe, und der Tod mache, was er wolle«, denn der geliebte Mensch bleibt in mir lebendig.

In der Liebe sind wir getragen

Die folgenden Sätze, die Sie Ihrem geliebten Menschen und damit auch sich selbst sagen können, machen Ihnen bewusst, dass Sie von der Liebe gehalten und getragen werden:

»Die Liebe trägt uns – dich und mich.«

»Die Liebe verbindet uns – dich und mich.«

»Die Liebe bewahrt uns – dich und mich.«

»In deiner Liebe schenkst du dich mir«

Die Liebe zum Verstorbenen bleibt ein interaktives Geschehen

Die Liebe zum Verstorbenen ist ein Geschehen in unserer Seele mit einer ganz eigenen Wirklichkeit. Und dabei erleben Trauernde den Verstorbenen als ganz real, weil er als Gegenüber im seelischen Raum auftritt.

Die Frage, ob der Verstorbene nun real in einer anderen Seinsweise existiert oder ob er »nur« eine innerpsychische Realität darstellt, muss jeder Trauernde entsprechend seinem Weltverständnis beantworten. Für Trauernde genügt zunächst die Erfahrung, dass der geliebte Mensch in ihrer ganz eigenen subjektiven Realität existiert.

Für Trauernde ist es deshalb selbstverständlich, dass ihnen der Verstorbene eigenständig entgegentritt, reagiert und lebt. Der geliebte Mensch geht mit den Hinterbliebenen in eine Beziehung, in einen Austausch und in ein Gespräch. Die Hinterbliebenen erleben, wie ihnen der Verstorbene mit seiner Liebe entgegenkommt. Sie spüren seine Liebe, die von ihm ausgeht und die er ihnen gibt.

IMAGINATION

Ich lasse mir von dir Liebe schenken

Stellen Sie sich vor, Ihr geliebter Mensch möchte Ihnen in Ihrer inneren Realität begegnen. Sie wissen, dass er Sie besuchen möchte. Sie spüren, dass etwas Wichtiges bevorsteht, und sind innerlich auf diese Begegnung ausgerichtet.

Stellen Sie sich vor, Sie stehen in einem weiten Raum oder einer weiten Landschaft einfach nur da und sind bereit, etwas Wichtiges geschehen zu lassen. Sie sehen, wie Ihr geliebter Mensch am Horizont auftaucht. Er ist noch weit entfernt und doch wissen Sie, dass nur er es sein kann. Ganz langsam nähert er sich Ihnen. Sie spüren über die Entfernung, dass von ihm etwas Besonderes ausgeht. Sie spüren es als Wärme, als Licht, als Energie, die er Ihnen mitbringt.

Ihr Angehöriger tritt auf Sie zu und sagt zu Ihnen: »Ich möchte dir meine Liebe geben.« Dann umarmt er Sie und Sie spüren, wie er Ihnen seine Liebe schenkt. Sie nehmen diese Liebe in sich auf, lassen sie in sich hineinströmen. Sie spüren, dass Ihnen Ihr geliebter Mensch ganz nahe ist.

Seine Liebe bleibt bei Ihnen als ein Teil Ihrer selbst, auch wenn sich dann Ihr geliebter Mensch in dieser Szene wieder verabschiedet. Vielleicht kehrt Ihr geliebter Mensch aber auch in Ihren inneren Seelenraum ein und ist mit seiner Liebe ein Teil von Ihnen. Gestalten Sie diese Szene vor Ihrem inneren Auge so, wie es für Sie stimmt. Dann kommen Sie allmählich in Ihre äußere Wirklichkeit und spüren noch im Nachklang, dass die Liebe Ihres geliebten Menschen Sie erfüllt und tröstet.

»In der Kraft der Liebe sind wir vereint«

Die Liebe als verbindende Energie

Die Liebe ist die Kraft der Anziehung. Und weil überall bis in die fernsten Galaxien und in die kleinste Teilchenwelt des Atoms Anziehung geschieht, ist sie die Grundkraft des Kosmos. Die überall wirkende Anziehung hält das Universum zusammen. Es ist die elektrische Anziehung zwischen den Atomteilchen, die Anziehung der Gravitation zwischen verschiedenen Körpern und zwischen Massen und dem Licht.

Die komplexeste Form der Anziehung ist die Liebe zwischen zwei Menschen. Hier ziehen sich nicht nur Materie und Materie, sondern zwei unterschiedliche Gefühlswelten an, um miteinander zu verschmelzen. Wie in einem Magnetfeld spannt sich die Liebe zwischen den beiden Polen von Ich und Du. Die Liebe hat also Anteil an der Grundkraft der Anziehung in unserem Kosmos. Die Liebe zweier Menschen ist damit Teil eines größeren Energiefeldes. Wenn sich zwei Menschen lieben, dann schwingt hier das Energiefeld der Anziehung in einer besonderen Weise. Christlich verstanden ist diese einheitliche Kraft der Liebe Gott selbst. In ihm, der die Liebe ist, ist das ganze Universum zusammengehalten und getragen, auch über den Tod eines Menschen hinaus. In dieser großen Liebe bleiben beide verbunden und gehalten – der Hinterbliebene und der Verstorbene.

IMAGINATION

Im Energiefeld der Liebe verbunden

Es gibt kaum Symbole und Bilder für die Verbundenheit zweier Liebender im Energiefeld der Liebe über den Tod hinaus. Deshalb bleibt jede Imagination unvollständig und kann nur andeutungsweise erlebbar machen, wie wir mit unserem geliebten Menschen verwoben sind. Ich möchte Sie nur ganz behutsam anregen, Bilder für diese Erfahrung zu finden oder – besser noch – Ihre Seele finden zu lassen. Vielleicht können Sie sich vorstellen, wie Sie Ihren geliebten Menschen in einigem Abstand sehen und Sie ihre wechselseitige Liebe spüren. Das Licht Ihrer Liebe und das Licht der Liebe Ihres geliebten Menschen fließen wie Lichtkegel aufeinander zu und verschmelzen im Raum zwischen Ihnen. Und wenn Sie genauer hinschauen, entdecken Sie in den beiden zusammenfließenden Lichtfeldern feine Strukturen, die aussehen wie dünnste Lichtfäden, die sich zwischen Ihnen und Ihrem geliebten Menschen spannen und wie Saiten ganz leicht vibrieren.

Vielleicht entdecken Sie in dem gemeinsamen Lichtfeld kleinste Partikel, die wie goldene Staubkörner zwischen Ihnen tanzen, die sich wechselseitig umspielen und wie unendlich viele Paare aus Lichtpartikeln im Tanz dahinschweben.

Vielleicht taucht in Ihrer Seele ein ganz anderes Bild für das Sie verbindende Energiefeld auf. Dann lassen Sie es einfach zu und spüren, wie Sie beide verbunden sind und wie zugleich diese Energie Sie beide in Liebe taucht und mit Liebe erfüllt.

Kapitel 12

Meine Liebe zu dir will ewig währen

Die Liebe ist die ewige Lebensspenderin,
die Schöpferin und Bewahrerin des Geliebten.
José Ortega y Gasset

»Ich will dich ewig lieben«

Die Liebe will immerwährende Dauer

Jede Liebe will für immer währen. Sie will Ewigkeit. Liebende erleben in glücklichen Augenblicken der Liebe diese Ewigkeit. Für Augenblicke steht die Zeit still. Dies bleibt als Erfahrung von Ewigkeit in uns. Für unsere Seele ist das nichts Außergewöhnliches, gibt es doch in ihren tiefsten Schichten kein Vergehen der Zeit. Die Ewigkeitserfahrung in der Liebe trifft auf unsere seelische Tiefenstruktur, in der Zeitlosigkeit herrscht. Was in diesen Tiefenschichten wertvoll und wichtig ist, vergeht nicht, sondern bleibt bis an das eigene Lebensende erhalten und wirksam.

In der konkreten Liebe aber sind wir an die Zeit und an das Vergehen gebunden. Das mögliche Ende der Liebe ist immer eine Gefahr und Bedrohung für Liebende. Die Liebe kann sterben oder der Geliebte kann uns genommen werden. Letzteres ist der große Schmerz, den uns der Tod zufügt. Der Tod raubt uns die Möglichkeit, mit dem geliebten Menschen auch nur eine weitere Sekunde zu verbringen. Das ist unendlich bitter, weil wir unsere Liebe eben auch konkret, also in den Grenzen von Raum und Zeit, erfahren wollen.

Doch gerade im Verlustschmerz und in der Trauer besteht die Liebe auf ihren Wunsch nach dauerhafter, unauflöslicher Verbundenheit. Die Liebe will Ewigkeit auch und gerade angesichts des Todes.

Ich will dich für immer lieben
Vielleicht erinnern Sie sich an Momente mit Ihrem geliebten Menschen, in denen die Zeit stillstand oder in denen Sie wünschten, die Zeit stünde still. Wenn Sie solche Augenblicke in Ihrer Erinnerung gefunden haben, dann tauchen Sie noch einmal in sie ein und nehmen Sie den Moment von Ewigkeit wahr. Mit dieser Erfahrung können Sie Ihrem geliebten Menschen sagen:

»Ich will dich für immer lieben. Ich weiß, dass unsere Liebe für immer gültig ist und bestehen bleibt.«

Halten Sie den Nachklang dieses Satzes für einen Augenblick, für den kleinen Augenblick einer Ewigkeit fest.

»Ich finde dich im Reich der Liebe«

Über die Grenzen der Zeitlichkeit hinaus lieben

Die Liebe will Ewigkeit. Diese gibt es nicht in unseren Grenzen von Raum und Zeit. Deshalb muss die Liebe diese Grenzen sprengen. Ewigkeit gibt es nicht in dieser Welt, sondern jenseits von ihr, über alle Grenzen hinaus.

Deshalb schaut die Liebe über Raum und Zeit hinaus. Sie weiß, dass es eine Wirklichkeit jenseits unserer Welt gibt, in der die Regeln von begrenzter Zeit und begrenztem Raum nicht mehr gelten. Das ist der Raum der kosmischen oder göttlichen Liebe. In dieser allumfassenden Liebe gibt es nur ewige Gegenwart, in der der geliebte Mensch aufgehoben und bewahrt ist. Dies ist der sicherste Ort, an dem der Verstorbene in Ewigkeit bewahrt ist.

Es gibt viele mythologische Erzählungen und Symbole, die auf diese andere Welt der unendlichen Liebe verweisen und die bildhaft beschreiben, wie der Übergang in diese Welt möglich ist. Die Überfahrt der Seele über den Totenfluss oder ihr Aufstieg auf der Himmelsleiter sind solche Bilder in vielen Kulturen. Psychologisch verstanden zeigen sie, dass die Liebe in uns Raum und Zeit überschreitet und in den anderen Raum der unbegrenzten, großen Liebe reicht.

IMAGINATION

Auf der Himmelsbrücke in das Land der Liebe blicken

Ich möchte Sie oder Ihr Unbewusstes bitten, eine Brücke vor Ihrem inneren Auge entstehen zu lassen, eine Brücke, die über einen Fluss führt. Sie schauen hinüber auf die andere Seite des Flusses, aber Sie können sie nicht recht erkennen. Zu weit ist das andere Ufer entfernt, Nebel verbirgt es vor Ihren Blicken. Sie spüren Neugier. Sie wollen wissen, was auf der anderen Seite des Flusses ist. Also betreten Sie die Brücke. Es kann eine Brücke aus Holz, aus Stahl oder Beton sein, jedenfalls eine Brücke, die stabil und fest ist. Sie gehen langsam, vorsichtig auf die Mitte der Brücke zu. Unter Ihnen fließt der Fluss.

Zu Ihrem Erstaunen verändert sich die Brücke. Sie scheint aus Wolken oder aus Licht gebaut zu sein, und dennoch bleibt sie stabil. Die Brücke führt sie immer weiter und höher hinauf, der Fluss unter Ihnen ist immer weiter entfernt. Sie spüren, dass diese Brücke Sie ins Weite, ins Unendliche, an ein ganz anderes Ufer führt. Sie versuchen zu erkennen, was an diesem neuen Ufer zu sehen ist. Vielleicht taucht ein Licht auf, ein heller Glanz, vielleicht spüren Sie Wärme, vielleicht Liebe, wenn Sie auf die andere Seite blicken.

Schauen Sie mit der Kraft Ihrer Liebe auf die andere Seite und lassen Sie in Ihren Bildern jetzt geschehen, was geschieht. Vielleicht gehen Sie auf dieses jenseitige Land der Liebe zu, vielleicht halten Sie inne, vielleicht bleibt aber auch das andere Ufer noch im Nebel oder Dunkel. Was immer Ihnen Ihr Unbewusstes zeigt, stimmt jetzt für Sie.

Sie wissen jetzt, dass es in Ihnen die Brücke an das andere Ufer, in das Land der Liebe gibt. Und Sie können diese Brücke so weit gehen, wie es für Sie und Ihre Seele stimmt. Vielleicht können Sie in Ihrem inneren Bild schon ganz auf die andere Seite gehen, vielleicht brauchen Sie noch Zeit.

Wo immer Sie sich jetzt in Ihren Bildern befinden, kehren Sie wieder zur Mitte der Brücke und dann langsam an das Ufer Ihrer gegenwärtigen Realität zurück. Vielleicht spüren Sie ein

Getröstetsein, weil Sie wissen, dass es eine Brücke in die Sphäre der Liebe gibt, vielleicht ahnen oder wissen Sie, dass es da drüben ein Land gibt, in dem Ihr geliebter Mensch in der Liebe bewahrt ist.

»Im Paradies bist du geborgen«

Das Paradies als Symbol der ungestörten Anfangsliebe

Die göttliche und kosmische Liebe ist der sicherste Ort für unseren Verstorbenen. In der langen Religionsgeschichte von der Steinzeit bis in unsere Moderne hinein haben Menschen für diese Orte in der transzendenten Liebe verschiedenste Bilder gefunden. Es sind Bilder für transzendente sichere Orte, die einerseits aus unserer konkreten Erfahrungswelt stammen, andererseits aber auch jenseitige Aspekte zeigen. Für viele Menschen sind die überlieferten Bilder für die sicheren Orte in der Transzendenz sehr hilfreich (vgl. dazu mein Buch »Meine Trauer wird dich finden«). Eine alte Vorstellung ist das Bild vom Paradies, in das die Verstorbenen zurückkehren. Die Paradiesvorstellung knüpft an die Paradiesgeschichte im Alten Testament an, hat aber auch in anderen Überlieferungen ihren festen Platz.

Der Garten ist hier das Symbol für die wiederhergestellte heile Liebe, die durch nichts gestört ist. Die ungestörte, vollkommene Liebe des Anfangs zeigt sich auch in der Harmonie und Schönheit des Paradieses, in seiner ungeheuren animalischen und pflanzlichen Lebenskraft, die alles mit Farbigkeit und Lebendigkeit erfüllt. Auch die Verstorbenen werden im Paradies geheilt und leben dort in und aus der Fülle der Liebe.

Für viele mag die Vorstellung von einem Paradies zu einfach, fast schon ein wenig kindlich erscheinen, andere aber werden sich in diesem Bild getröstet finden. Für sie ist die folgende Übung gedacht. Für die anderen Betroffenen ist sie eine Einladung, trotz der Skepsis das Heilsame in diesem uralten archetypischen Bild zu entdecken.

IMAGINATION

Dein heilsamer Paradiesgarten

Denken Sie an einen Ihnen bekannten schönen Garten zum Beispiel in einem Gewächs- oder Tropenhaus. Sie schauen sich um, sehen die Bäume und die Pflanzen. Sie spüren die angenehme Wärme in Ihrem Gesicht und auf Ihrer Haut. Sie riechen den Duft der Erde und den Duft der Pflanzen. Sie hören vielleicht das Geplätscher eines Baches, das Zirpen der Grillen, das Pfeifen der Vögel. Sie gehen langsam im Garten umher, ganz langsam, Schritt für Schritt. Je weiter Sie in den Garten gehen, umso mehr wandelt er sich zu einem Paradiesgarten, wie Sie ihn sich vorstellen, wie Sie sich ihn für sich und Ihren geliebten Menschen wünschen.

Sie spüren die heilsame Wirkung, die von der Atmosphäre und Stimmung dieses wunderschönen Gartens ausgeht. Sie spüren die kraftvolle Lebendigkeit der Bäume und Pflanzen. Sie spüren die heilende Kraft der Düfte und Farben. Und Sie wünschen sich, dass hier Ihr geliebter Mensch leben darf, heil und ganz, sicher und geborgen. Sie verweilen bei diesem Gedanken, während Sie noch tiefer in den Garten hineingehen. Er gleicht immer mehr dem Paradies, das Sie sich für Ihren geliebten Menschen wünschen. Und Sie wissen, dass er hier sein darf in einer Sphäre der intensivsten Farbigkeit, Lebendigkeit und Fülle.

Und während Sie diesem Gedanken nachgehen, lassen Sie Ihre Gedanken weiter im Paradies umherwandeln. Lassen Sie die Bilder zu, die in Ihnen aufsteigen. Vielleicht spüren Sie die Nähe Ihres geliebten Menschen hier in diesem Garten, vielleicht geschieht jetzt eine Begegnung mit ihm. Was immer Sie in diesem Garten erleben, darf sein und hat seinen eigenen Sinn. Nehmen Sie sich Ihre Zeit dafür.

Dann kehren Sie langsam um, gehen allmählich aus dem Paradiesgarten zurück in den Garten, den Sie kennen. Dann kommen Sie hierher zurück mit der Gewissheit, dass Ihr geliebter Mensch im Paradiesgarten auf seine eigene Weise heil und ganz lebt.

»Im Blau des Himmels bist du transzendent«

Der Himmel als Symbol für die transzendente Macht der Liebe

Viele Menschen stehen am Grab eines Achtzehnjährigen. Dann hebt sich ihr Blick nach oben. Fünfhundert Luftballone steigen auf, schweben empor, zunächst in einem großen Bündel, dann in kleinen Gruppen. Allmählich verlieren sich die einzelnen Ballone im Blau des Himmels. Viele Trauernde sind berührt und getröstet von diesem Bild. Die in den Himmel aufsteigenden Luftballone weisen auf die transzendente Welt, in der der junge Mann nun nach seinem Unfalltod angekommen ist.

Im Symbol des Himmels wird sehr deutlich, dass dieser sichere Ort für die Verstorbenen einen transzendenten Charakter besitzt. Sichtbar, aber doch unerreichbar wölbt sich der Himmel über uns. Er ist in vielen religiösen Traditionen der Aufenthaltsort Gottes und der Verstorbenen, die dort als verwandelte Wesen oder als Engel in seiner Nähe weilen. Auch Jesus beschreibt die Welt der Verstorbenen als die Welt der Engel im Himmel (Matthäusevangelium, Kapitel 22, 23–33). Zugleich weist der Himmel auf die Himmelsmacht der Liebe. Der Himmel wird getragen von der Liebe und in ihm gelten nicht mehr die irdischen, sondern die »himmlischen« Ordnungen der Liebe.

IMAGINATION

Im Blau des Himmels bist du mir nahe

Stellen Sie sich einen klaren blauen Himmel vor, oder schauen Sie aus Ihrem Fenster in diesen Himmel. Vielleicht erinnern Sie sich, wie Sie als Kind auf einer Wiese lagen und in den Himmel starrten, verträumt, verloren in das Blau.

Auch jetzt ist der Himmel wolkenlos, ganz klar und in einem Blau, das Ihr ganz eigenes Blau ist. Ihr Blick wird immer intensiver und ruht ohne Anstrengung im Blau. Ihr Blick taucht tiefer in das Blau ein und verschmilzt mit ihm. Sie ahnen, wie unendlich weit der Himmel ist, wie zeitlos das Blau am Himmel steht. Sie spüren, wie schwerelos das Blau ist, vielleicht fühlen Sie sich selbst einen Moment schwerelos, als hätten Sie Flügel, als würden Sie schweben.

Und Sie wissen, dass dieses Blau des Himmels alles, auch Ihren geliebten Menschen, in sich trägt, schwerelos, zeitlos, in Liebe gehalten. Sie lassen mit diesem Wissen Ihren Blick weiter im transparenten Blau ruhen und sehen, was Ihnen nun aus diesem Blau entgegenkommt, was aus dem Blau auftaucht. Vielleicht ist es die Gestalt Ihres geliebten Menschen, vielleicht nur eine Andeutung seiner Gestalt, vielleicht nur das ferne Gefühl seiner Nähe, vielleicht das Gefühl der Liebe für Ihren Angehörigen, vielleicht auch nur, dass im Blau eine transzendente Welt zu ahnen ist. Sie lassen wirken, was jetzt bei Ihnen in diesem Blau entsteht.

Dann nehmen Sie ein Stück des Blaus, ein Stück dieses Himmels, ein Teil der himmlischen Liebe mit in Ihr Herz und kehren mit Ihrer Aufmerksamkeit langsam zurück. Vielleicht sind Sie jetzt ein wenig getröstet, weil Sie wissen, dass Ihr geliebter Mensch in der Liebe des Himmels gut aufgehoben ist. Vielleicht sind Sie aber auch traurig, weil Ihr Angehöriger so fern und im Augenblick unerreichbar ist. Beide Gefühle sind in Ordnung, beide haben ihr Recht.

»Im Haus des Lichtes sehe ich dich«

Das Licht als Symbol der verwandelnden, unendlichen Liebe

> *Hunderte von brennenden Kerzen bilden einen Lichtkreis im Chor der Kirche. Der Sarg eines dreißigjährigen Mannes in der Mitte dieser Kerzen wird in ein warmes, im Flackern der Kerzen vibrierendes Licht getaucht. Jede einzelne Kerze symbolisiert die verwandelte Seele des Verstorbenen. Das gesammelte Licht der Kerzen zeigt, dass der Verstorbene im Licht der Liebe aufgehoben und verwandelt ist.*

Das Licht ist in fast allen religiösen Traditionen nicht nur ein sicherer Ort für den Verstorbenen, sondern ein Symbol für die unermesslich reiche, unendlich fließende Liebe, in die hinein der Verstorbene verwandelt wird.

Für viele Betroffene, die nicht an einen persönlichen Gott glauben können oder wollen, kann das Symbol des Lichtes hilfreich sein, um für ihren geliebten Menschen einen transzendenten sicheren Ort zu finden. Das Licht steht dann für die kosmische Liebesenergie, die das Universum zusammenhält und im Innersten bewegt. Der Verstorbene ist in dieser alles umflutenden Lichtenergie aufgehoben und verwandelt. Jedes Kerzenlicht, jeder Lichtstrahl und jeder Sonnenaufgang weist uns dann darauf hin, dass unserer geliebter Mensch im unendlichen Licht der Liebe bewahrt ist.

IMAGINATION

Im Licht der Liebe begegne ich dir

Ich möchte Sie einladen, sich in Ihrer inneren Realität auf den Weg zu Ihrem geliebten Menschen in seinem Haus der unendlichen Liebe zu machen.

Stellen Sie sich vor, dass Sie am Fuß eines hohen Berges stehen, mitten im Gebirge. Es ist ein leuchtender Morgen, nur wenige Wolken umhüllen die Spitze des Berges. Lassen Sie sich Zeit, die Umgebung aufzunehmen – die klare Luft, die ersten Sonnenstrahlen, die Stille des Gebirges.

Sie wissen, dass Sie ganz oben das Haus der unendlichen Liebe finden und dort Ihrem geliebten Menschen begegnen werden. Schritt für Schritt steigen Sie nach oben. Sie verlassen den Bereich mit Pflanzen und Bäumen. Der Weg führt über Felsen und an Abgründen vorbei – immer höher.

Sie spüren dabei eine immer größere Freiheit und eine Klarheit, die Sie anzieht und die in Ihnen eine liebende Sehnsucht entstehen lässt. Die wenigen Wolken haben sich aufgelöst. Ihr Blick richtet sich auf den Gipfel. Dort leuchtet Ihnen ein fließendes Licht entgegen, in dem bei näherem Hinschauen ein großes Haus, ein Palast, ein Dom zu sehen ist.

Der Anblick ist überwältigend schön. Es scheint ein Gebäude aus Licht zu sein, durchscheinend und doch fest auf dem Berg gebaut. Sie nähern sich diesem Lichtgebäude und werden mehr und mehr in flutendes, warmes Licht getaucht. Sie treten an die Schwelle des Gebäudes und überschreiten sie. Wie durch einen Vorhang aus Licht treten Sie in einen großen leuchtenden Saal, von warmem Licht erfüllt, hell von allen Seiten und offen in eine unendliche Unbegrenztheit hinein. Sie spüren die Kraft dieses Lichtes und die Liebe, die Sie durchdringt.

Nun öffnet sich in der Mitte des Raumes ein heller Bereich. Noch sind Sie geblendet, aber in Ihrem Herzen wissen Sie, dass sich dort Ihr Angehöriger befindet. Sie schauen noch geblendet in den hellen Lichtkreis. Die Gestalt Ihres geliebten Menschen wird deutlicher und klarer. Sie tritt im unendlich fließenden Licht hervor. Er ist es, und er ist ganz in Licht getaucht. In sich ruhend, versunken ins Licht, steht Ihr geliebter Mensch da. Ein Glanz geht von ihm aus, ein schützender Lichtraum umhüllt ihn.

Sie wissen ganz spontan, dass er in diesem Licht unendlich gut aufgehoben ist, dass der Raum aus Licht ihm Unsterblichkeit schenkt. Ein wundersames Gefühl von Ruhe ergreift Sie. Ihr Herz schlägt gleichmäßig. Sie brauchen nicht näher zu treten, Sie brauchen Ihren geliebten Menschen nicht zu berühren.

Ihr Herz ist mit Trost erfüllt. Und Sie flüstern leise: »Ja, so ist es gut. Ja, so bist du für immer aufgehoben, für immer da.«

Sie winken ihm scheu und behutsam zu. Vielleicht gehen Sie beide aber auch aus dem Impuls der Liebe heraus aufeinander zu und fallen sich in die Arme. Beide sind Sie ins Licht getaucht, beide sind Sie von der Liebe gehalten. Und Sie halten sich, fest, nahe, getröstet und geliebt. Lassen Sie in Ihren inneren Bildern geschehen, was jetzt geschieht und wie es für Sie beide und für Ihre Liebe stimmt. Lassen Sie sich die Zeit, die Sie und Ihre Liebe brauchen. Irgendwann lösen Sie sich aus der Umarmung, verabschieden sich und winken sich im Licht des hell erleuchteten Raumes zu.

Sie drehen sich langsam um, das helle Licht im Rücken, das Sie noch wärmt. Sie verlassen das Schloss aus Licht, das Haus der unendlichen Liebe, um langsam den Berg hinabzusteigen und wieder in Ihr vom Sterben begrenztes Leben zurückzukehren. Sie spüren, wie die Trauer wieder stärker wird, und zugleich tragen Sie das Licht, in dem Ihr geliebter Mensch stand, in Ihrem Körper. Sie spüren beides, die Trauer und das Getröstetsein.

Schritt für Schritt steigen Sie hinab, allmählich begegnen Ihnen erste Pflanzen, vom Wind gebeugte kleine Bäume, dann bald schon Wiesen und erste Häuser.

So kommen Sie zurück in Ihr Haus, in Ihre Wohnung, in den Raum, von dem aus Sie den Berg der Unsterblichkeit bestiegen haben. Dann öffnen Sie die Augen und blicken sich in Ihrer vertrauten Umgebung um. Auch jetzt spüren Sie beides, die Trauer, dass Ihr geliebter Mensch nicht hier ist, und zugleich das Getröstetsein in dem Wissen, dass Ihr geliebter Mensch im lichten Haus der Unsterblichkeit aufgehoben ist.

Ich möchte Ihnen gerne noch eine ähnliche Imagination vorschlagen, die eine andere Facette der ewigen göttlichen Liebe aufgreift. In den Bildern der folgenden Imagination greife ich die alte Vorstellung auf, in der der Verstorbene in der Seinssphäre der Liebe mit dem Kleid der Liebe neu eingekleidet wird. Dieses Kleid besteht aus fein gewirktem, fein gewobenem Gold, das sich fließend um den Verstorbenen legt. Das Gold steht hier für die unendliche kosmische Liebesenergie, christlich verstanden für die ewig währende Liebe Gottes. Dieses Kleid der Liebe durchdringt, durchwirkt und erfüllt den Verstorbenen ganz und verwandelt ihn so zu einem Leib der Liebe. Bei Paulus wird dies der geistliche oder himmlische Leib in Herrlichkeit genannt, in dem die Verstorbenen auferstehen werden (1. Korintherbrief, Kapitel 15, 33–49).

IMAGINATION

Im goldenen Kleid der Liebe sehe ich dich

Vielleicht stellen Sie sich Goldschätze in einem Schloss oder in einer Schatzkammer vor. Vor Ihren Augen liegen goldene Gefäße, Kronen, Leuchter, goldene Ketten und Schmuckstücke. Sie sehen den warmen leuchtenden Glanz von Gold, das warme Leuchten, das von diesem Gold in Fülle ausgeht. Vielleicht kennen Sie das Märchen »Frau Holle«. Dort wird die Goldmarie mit Gold überschüttet. Das Gold legt sich wie ein Gewand über sie. Vielleicht denken Sie an Königs- oder Priestergewänder, die mit Goldfäden bestickt und von Gold durchwirkt sind. Vielleicht erinnern Sie sich an das Bild »Der Kuss« von Gustav Klimt. Die Liebenden sind in einen sie beide umfassenden goldenen Mantel gekleidet.

Nehmen Sie das Bild des goldenen Gewandes, des goldenen Glanzes, des Goldlichtes jetzt mit in die Imagination. Lassen Sie Ihre Seele auf die Reise zu Ihrem geliebten Menschen gehen, suchen Sie ihn in einem großen Raum, der hell und leuchtend ist. Vielleicht ist es ein Thronsaal, hell, licht und mit viel Gold bemalt, vielleicht ist es ein Saal wie in einer Barockkirche, überflutend von Gold, das einen goldenen warmen Glanz an alle Wände wirft, die den Goldglanz zurückspiegeln und so zu einem Goldlicht steigern, das den Saal gänzlich erfüllt und ausleuchtet. Sie treten behutsam in den Raum und spüren, wie überwältigend der goldene Glanz Sie berührt, wie Ihr Gesicht und Ihre Augen glänzen.

Und dann sehen Sie Ihren geliebten Menschen in diesem Goldsaal, in das goldene Licht des Raumes gehüllt, ganz und gar. Wie von Gold umflossen, wie in ein Gewand, in ein Flittern von Gold getaucht, steht Ihr geliebter Mensch da. Sein Gesicht spiegelt den Goldglanz des Saales wider, ein Leuchten geht von ihm aus.

Sie spüren eine große Liebe, die von Ihrem Angehörigen ausgeht, eine Liebe wie ein sanfter, leuchtender Goldfluss, wie ein transparenter, warmer Goldschein, der Sie in Ihrem Herzen berührt. Wenn Sie möchten, können Sie auf Ihren geliebten Menschen zugehen, ihn umarmen und zusammen mit ihm in dieser Umarmung im goldenen Glanz des Saales stehen. Sie spüren die intensive Liebe zwischen Ihnen beiden, und Sie wissen, dass Ihr geliebter Mensch in der Liebe aufgehoben ist.

Deshalb können Sie sich nach der Zeit, die für Sie stimmt, von Ihrem geliebten Menschen lösen und dann einen, dann zwei, dann mehrere Schritte zurücktreten. Sie sehen jetzt noch einmal, wie Ihr geliebter Mensch in den Goldglanz der Liebe wie in ein fließendes Gewand eingehüllt ist, wie die Liebe ihn umfasst, ganz und gar. Sie spüren, wie gut das tut, Ihren Angehörigen im Gold der Liebe zu sehen und aufgehoben zu wissen. Deshalb können Sie sich jetzt von ihm verabschieden. Sie winken ihm noch einmal zu und wenden sich dann zum Ausgangsportal des Goldsaales. Innerlich nehmen Sie den Glanz, der von Ihrem geliebten Menschen ausging, mit. Und Sie nehmen das Wissen mit, dass Sie immer wieder in diesen Goldsaal zu Ihrem Angehörigen zurückgehen können.

Sie kehren allmählich zurück in Ihren Raum, in dem Sie jetzt sitzen. Sie kehren zurück auf die Buchseite, in der Sie soeben die Imagination »Im goldenen Kleid der Liebe sehe ich dich« gelesen und sich vorgestellt haben.

»Du bist in der Liebe«

Die unendliche Liebe als sicherster transzendenter Ort

Gott ist die Liebe. Und wer in der Liebe ist, ist in Gott (1. Brief des Johannes, Kapitel 4, 16). Christlich verstanden ist die unendliche Liebe Gott selbst. In ihm und in seiner Liebe ist unser geliebter Mensch sicher aufgehoben und geliebt. Bilder wie »in Gottes Hand gehalten« oder »in Gottes Schoß geborgen« drücken diesen christlichen Glauben aus. Die Verstorbenen sind in Gottes Ewigkeit und in Gottes Nähe lebendig bis zum Tage der Auferstehung, wenn Gott einen neuen Himmel und eine neue Erde schaffen wird. Auf dieser neuen Erde und in diesem neuen Himmel hat sich dann die Liebe gegen den Tod durchgesetzt. Dort und dann gilt nur sie. Jetzt und hier müssen wir im Verlust schmerzlich erfahren, dass sich in unserer konkreten äußeren Realität noch der Tod durchgesetzt hat. Wir haben unseren geliebten Menschen durch den Tod verloren. Aber wir gewinnen ihn in der Liebe wieder, jetzt schon im Inneren unserer Seele, dann im neuen Himmel und auf der neuen Erde ganz und gar real. Dabei wird diese Realität eine ganze andere sein. Es wird die volle Realität der Liebe sein.

Das wollte ich Ihnen in diesem Buch zeigen. Und ich wollte Ihnen Schritte aufzeigen, jetzt schon Ihren geliebten Menschen in der Liebe wieder lebendig werden zu lassen. Ich wünsche Ihnen, dass Ihnen das in der Trauer, manchmal auch gegen die Trauer, immer wieder gelingt. Ich hoffe, dass Sie in diesem Buch immer neue Anregungen und Wege entdecken werden, Ihren geliebten Menschen in der Liebe zu finden.

Am Ende möchte ich Ihnen noch einen Impuls geben, der für mich zugleich die Grundlage des ganzen Buches ist. Und vielleicht ist es die wichtigste und eigentliche Übung, die wir als liebende Trauernde und als trauernde Liebende zu lernen haben, aber auch lernen dürfen. Alle anderen Impulse und Imaginationen waren Wege zu dieser letzten, grundlegenden Übung.

Du in der unendlichen Liebe
Wählen Sie sich einen der folgenden Sätze. Nehmen Sie ihn als Gebet, als Meditationsformel oder als Mantra – wie immer es für Sie und Ihre Spiritualität stimmt. Sagen Sie sich diesen Satz, und denken Sie mit Liebe an Ihren geliebten Menschen. Oder umgekehrt, wenn Sie an Ihren geliebten Menschen denken, lassen Sie sich diesen Satz einfallen und zufallen. Wenn Sie möchten, können Sie auch ein dazu passendes Symbol wie das Licht, den Himmel, das Paradies oder etwas anderes in sich entstehen lassen.

Prüfen Sie, welcher der folgenden Sätze für Sie stimmt. Vielleicht erproben Sie über längere Zeit auch mehrere Sätze, bis einer für Sie stimmt und ganz und gar zu Ihrem eigenen Satz wird.

»Du im Licht der Liebe.«

»Du im Licht.«

»Du in der unendlichen Liebe.«

»Du im Unendlichen.«

»Du in der Liebe Gottes.«

»Du in der Liebe.«

»Du in Gott.«